D1729918

Martin Trinker

Adobe Native Extensions

Leitfaden zur Entwicklung
von nativen Erweiterungen
für die Adobe Integrated Runtime

Diplomica Verlag GmbH

Trinker, Martin: Adobe Native Extensions: Leitfaden zur Entwicklung von nativen Erweiterungen für die Adobe Integrated Runtime.
Hamburg, Diplomica Verlag GmbH 2013

Buch-ISBN: 978-3-8428-8348-2
PDF-eBook-ISBN: 978-3-8428-3348-7
Druck/Herstellung: Diplomica® Verlag GmbH, Hamburg, 2013

Bibliografische Information der Deutschen Nationalbibliothek:
Die Deutsche Nationalbibliothek verzeichnet diese Publikation in der Deutschen Nationalbibliografie; detaillierte bibliografische Daten sind im Internet über http://dnb.d-nb.de abrufbar.

© Diplomica Verlag GmbH
Hermannstal 119k, 22119 Hamburg
http://www.diplomica-verlag.de, Hamburg 2013
Printed in Germany

Inhaltsverzeichnis

Abbildungsverzeichnis

Tabellenverzeichnis

Code-Beispiel-Verzeichnis

Über den Autor

Martin Trinker wurde 1990 in Schladming geboren und wuchs in Gröbming auf.

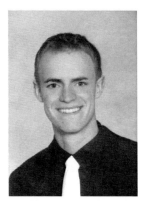

Im Jahr 2009 maturierte er mit Auszeichnung an der BHAK Liezen. Nach einem Jahr beim Österreichischen Bundesheer begann er 2010 an der FH Joanneum Graz Informationsmanagement zu studieren.
2012 arbeitete er an der FH Joanneum am Studiengang Informationsmanagement als Tutor für Informatik.

In seiner Freizeit ist er bei gemeinnützigen Organisationen engagiert. Nebenberuflich arbeitet der bergsportbegeisterte Autor als Schilehrer und als Softwareentwickler an diversen Projekten.

Danksagung

An dieser Stelle möchte ich mich bei jenen Menschen bedanken, welche mich bei der Erstellung dieses Buches unterstützt haben.

Allen voran möchte ich mich bei meinen Eltern bedanken. Nur mit ihrer Unterstützung war es mir möglich, mein Studium zu absolvieren und dieses Werk zu erstellen.

Bei meinem Betreuer, Herrn DI Dr. Nischelwitzer möchte ich mich für die gute Zusammenarbeit und zielführende Leitung durch dieses spezielle Themengebiet herzlich bedanken.

Ein spezieller Dank gilt auch meinen Studienkolleginnen und Studienkollegen, welche mich durch mein Studium begleitet haben und mir helfend zur Seite standen.

Abstract

Runtime environments provide the same set of functionality on different kinds of platforms. This allows the execution of a programme on different platforms without having to adopt or change the programme. Adobe provides the Adobe Integrated Runtime for Flash and ActionScript programmes.

To make use of platform specific functionality, the runtime environment needs to be extended. This native extension allows a programme to access and use specific hardware, for example.

This paper gives the reader a brief summary of the development process for native Extensions of the Adobe Integrated Runtime.

A short introduction provides the fundamentals of runtime environments and the architecture of Adobe's runtime environment.

The main part describes the development steps necessary to create an Adobe Native Extension.

Following, examples from real life provide a detailed description of the development process for different platforms.

Concluding this paper, the concept of Adobe Native Extensions is compared to native extensions for alternative runtime environments and is critically analysed.

Kurzfassung

Laufzeitumgebungen stellen Programmen auf unterschiedlichen Plattformen eine einheitliche Funktionalität zur Verfügung. Dadurch kann das gleiche Programm auf unterschiedlichen Plattformen ausgeführt werden, ohne verändert werden zu müssen. Adobe stellt mit der Adobe Integrated Runtime eine Laufzeitumgebung für Flash und ActionScript-Programme zur Verfügung.

Um plattformspezifische Funktionalität, zum Beispiel spezielle Hardware, in der Laufzeitumgebung verwenden zu können, muss die Laufzeitumgebung erweitert werden.

In diesem Werk wird beschrieben, wie native Erweiterungen für die Adobe Integrated Runtime erstellt werden können.

In einem einführenden Kapitel werden dem Leser die Grundlagen über die Laufzeitumgebung von Adobe und deren Architektur vermittelt.

Im Hauptteil dieses Werkes werden die Entwicklungsschritte für die Erstellung einer nativen Erweiterung detailliert beschrieben.

Anschließend wird anhand von Praxis-Beispielen die Erstellung einer nativen Erweiterung für unterschiedliche Plattformen dargestellt.

Abschließend wird das Konzept der Adobe Native Extensions mit nativen Erweiterungen bei alternativen Laufzeitumgebungen verglichen und kritisch analysiert.

Abkürzungsverzeichnis

ADT   AIR Developer Tool

AIR   Adobe Integrated Runtime

API   Appliaction Programming Interface

AS   ActionScript

ANE   Adobe Native Extensions

IDE   Integrated Development Environment

JME   Java Micro Edition

JNI   Java Native Interface

RFID   Radio-frequency identification

RIA   Rich Internet Application

SDK   Software Development Kit

XML   Extensible Markup Language

Schlüsselwörter

Schlüsselwort	Beschreibung
Rich Internet Application	Als RIA (Reichhaltige Internet Anwendungen) werden Web Anwendungen bezeichnet, welche Charakteristiken von Desktop Anwendungen aufweisen. Diese Anwendungen bieten dem Benutzer eine vielfältige Menge an Interaktionsmöglichkeiten mit der Benutzeroberfläche. (vgl. [Chambers 2008] Seite 19)
Adobe Integrated Runtime	Eine Plattform-Übergreifende Laufzeit-Umgebung, welche die Ausführung von AIR-Anwendungen ermöglicht. (vgl. [Chambers 2008] Seite 7)
Application Programming Interface	Als API wird eine Schnittstelle bezeichnet, über welchen andere Programme die Funktionalität der Software verwenden können. (vgl. [3Scale 2011] Seite 4)
Nativer Code	Nativer Code wird nicht in einer Laufzeitumgebung ausgeführt. Nativer Code wird zum Beispiel in der Programmiersprache C verfasst und direkt auf dem Rechner ausgeführt. (vgl. [Rouse 2006])
SWC-Datei	Eine SWC-Datei ist eine Bibliothek, welche ActionScript-Klassen enthält. Außerdem werden darin auch verwendete Ressourcen wie zum Beispiel Bilder gespeichert. (vgl. [Adobe SWC-File 2012])
AIR Geräte Profil	Profile werden verwendet um Klassen von Geräten zu bilden, auf denen eine AIR-Anwendung ausgeführt werden kann. (vgl. [AIR-Profile 2o13])

XML	Die erweiterbare Auszeichnungssprache stellt Daten in einer hierarchischen Struktur in Form von Textdateien dar. (vgl. [w3schools.com 2013])
Garbage Collector	Ist eine elektronische Müllabfuhr, welche den Speicherbedarf von Programmen minimiert. Nicht mehr verwendete Speicher-Blöcke werden vom GC wieder freigegeben. (vgl. [Yaiser 2011])
Pointer	Ein Zeiger, oder Verweis speichert die Adresse eines anderen Speicher-Blocks, in welchem das tatsächliche Objekt gespeichert ist. (vgl. [Allain 2013])
IDE	IDE steht für Integrated Development Environment. Eine IDE bietet für Entwickler eine komfortable Umgebung zur Programmierung. (vgl. [Rouse 2007])
Event Listener	Event Listener oder Event Handler sind Funktionen, welche ausgeführt werden, wenn spezielle Ereignisse eintreten. (vgl. [Adobe Event Listener 2013])
SDK	Ein SDK ist eine Sammlung von Tools, also kleineren Programmen, welche verwendet werden, um Software zu erstellen. (vgl. [Janssen 2013])

Tabelle 1: Schlüsselwörter

1 Einleitung

Um ein beliebiges Programm auf mehreren Plattformen ausführen zu können, gibt es zwei Möglichkeiten. Einerseits kann das Programm für jede Plattform extra programmiert und kompiliert werden. Dies ist allerdings sehr umständlich, da unter Umständen das Programm komplett neu erstellt werden muss. Eine andere Alternative ist die Verwendung einer Laufzeitumgebung.
(vgl. [AIR-Laufzeitumgebung 2013] Seite 6)

Eine Laufzeitumgebung stellt dieselbe Funktionalität auf unterschiedlichen Plattformen zur Verfügung. Entwickler können dadurch ihre Programme auf den unterschiedlichen Plattformen ausführen, ohne das Programm für jede Plattform anpassen zu müssen.
(vgl. [AIR-Laufzeitumgebung 2013] Seite 7)

Eine Laufzeitumgebung stellt allerdings nur einen bestimmten, teilweise eingeschränkten Satz an Funktionen zur Verfügung, welche auf allen Plattformen einheitlich zur Verfügung stehen. Adobe stellt für Flash und Action-Script-Programme die Laufzeitumgebung Adobe Integrated Runtime (AIR) zur Verfügung.
Spezielle Funktionen, wie zum Beispiel die Verwendung einer bestimmten Hardware, werden in der Regel nicht von der Lauzeitumgebung unterstützt.
(vgl. [AIR Native Extension 2013] Seite 5)

Um dennoch plattformspezifische Funktionen in der Laufzeitumgebung verwenden zu können, kann die Laufzeitumgebung mit nativem Code erweitert werden. Dadurch steht zum Beispiel die spezielle Hardware für Programme, welche die Laufzeitumgebung verwenden, zur Verfügung.
Die Adobe Integrated Runtime kann mit Adobe Native Extensions erweitert werden.
(vgl. [AIR Native Extension 2013] Seite 6)

In diesem Buch soll dem Leser das Thema Adobe Native Extension näher vorgestellt werden. Dabei wird besonders darauf Wert gelegt, dem Leser die notwendigen Hintergrundinformationen, welche für ein besseres Verständnis der Thematik unerlässlich sind, zu vermitteln.

2 Grundlagen

In diesem Kapitel werden die grundlegenden Informationen und die wichtigsten Begriffe näher erklärt.

2.1 Rich Internet Applikation

In den letzten Jahren werden vermehrt Programme im Web-Browser ausgeführt statt am Desktop. Eine Ursache für die stärkere Verschiebung von Programmen in den Browser ist die weite Verbreitung des Internets als Kommunikations-Medium. Des Weiteren ist es vergleichsweise einfach, Web-Anwendungen zu erstellen. Es erlaubt außerdem, die Anwendungen unabhängig vom Betriebssystem auszuführen.
(vgl. [Chambers 2008] Seite 2)

Frühere Web-Anwendungen wurden meist ausschließlich in HMTL erstellt. Dies führte zu einer hohen Anzahl von Client-Server-Anfragen und häufigen Seiten-Aktualisierungen. Durch die Verwendung der Flashplayer-Laufzeitumgebung wurde es für Entwickler möglich, Desktop-Ähnliche Anwendungen im Browser ausführen zu können.
(vgl. [Chambers 2008] Seite 3)

Rich Internet- Applikationen können anhand folgender Kriterien definiert werden:

- Sie bieten einen leistungsstarke Laufzeitumgebung zur Ausführung des Codes.
- Web- und Daten-Dienste werden durch Anwendungs-Server bereitgestellt.
- Einfache Ausführung auf unterschiedlichen Betriebssystemen

(vgl. [Allaire 2002] Seite 2)

Als die Web-Anwendungen jedoch zu komplex wurden, wurden schnell die Grenzen der Browser und der Verwendbarkeit der Anwendungen erreicht. Web-Browser wurden ursprünglich dazu entwickelt, um HTML-Seiten anzu-zeigen.

(vgl. [Chambers 2008] Seite 4)

Web-Anwendungen haben oft ihre eigenen Steuerelemente, welche mit den Bedien-Elementen des Browsers widersprechen. Als Beispiel kann hier der „Zurück"-Button im Browser angeführt werden. Dieser macht Sinn, um auf die vorherige Seite zurückzuspringen. In einer Anwendung hingegen kann dies oft zu Konflikten führen.

(vgl. [Chambers 2008] Seite 5)

Des Weiteren haben Browser-Anwendungen aus Sicherheitsgründen keinen Zugriff auf den Computer des Benutzers. Dadurch können oft verschiedene Bedien-Elemente, zum Beispiel „Drag and Drop" von Lokalen Dateien in eine Browser-Anwendung, nicht genutzt werden. Browser-Anwendungen können auch nicht mit lokalen Anwendungen zusammen arbeiten.

(vgl. [Chambers 2008] Seite 5)

Eine weitere Einschränkung von webbasierten Anwendungen ist die Grund-voraussetzung von Internet. Ist keine Internet-Verbindung verfügbar, kann auch die Anwendung nicht geladen werden.

(vgl. [Chambers 2008] Seite 6)

2.2   Adobe Integrated Runtime

Mithilfe der Adobe Integrated Runtime wird nun versucht, die Vorteile von Browser-Anwendungen mit den Vorteilen von Desktop-Anwendungen zu verbinden.

(vgl. [Chambers 2008] Seite 6)

Adobe Integrated Runtime (AIR) ist eine Betriebssystem-Übergreifende Lauf-zeit-Umgebung, welche es ermöglicht, reichhaltige Internet-Anwendungen (Rich Internet Applications) auf unterschiedlichen Systemen ausführen zu können.
(vgl. [Chambers 2008] Seite 19)

Um Anwendungen auszuführen, verwendet AIR intern den Adobe Flash-Player als Laufzeitumgebung.
(vgl. [Adobe Systems 2007])

In der nachfolgenden Grafik ist die Architektur des Flash-Players in der Lite-Version dargestellt:

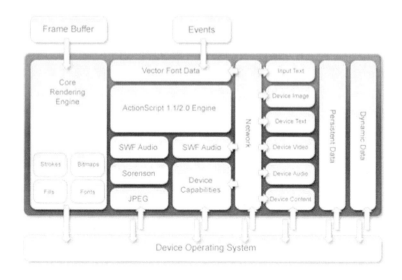

Abbildung 1: Flash-Lite Architektur
(vgl. [Adobe Systems 2007])

Die Laufzeitumgebung besteht aus mehreren Schlüsselkomponenten, wel-che es den Anwendungen erlauben, mit dem Host-System zu interagieren.

Das Kern-Element ist die „Core Rendering Engine" welche Bilder am Bildschirm ausgibt.

Ein weiteres Kern-Element ist die ActionScript-Komponente, welche Prozess-Events abarbeitet. Dazu zählt zum Beispiel das Drücken von Tasten.

Weitere spezielle Pakete der Flash Laufzeitumgebung ermöglichen zum Beispiel den Zugriff zum Netzwerk.

(vgl. [Adobe Systems 2007])

2.3   Vergleich zu Java Micro Edition

Nachdem nun die Laufzeitumgebung von Adobe näher vorgestellt wurde, soll an dieser Stelle ein Vergleich zu einer anderen Laufzeitumgebung durchgeführt werden. Im folgenden Kapitel werden die Laufzeitumgebungen für mobile Geräte, nämlich Adobe Flash Lite und Java-Micro-Edition miteinander verglichen.

Beide Laufzeitumgebungen werden dazu verwendet, um Applikationen für mobile Geräte betriebssystem-unabhängig erstellen und ausführen zu können.

(vgl. [Koller 2008] Seite 1)

Die Java Micro Edition (JME) wurde für Geräte mit wenig Ressourcen und geringer Rechenleistung entwickelt. Durch zusätzliche Pakete, zum Beispiel der Bluetooth-API kann die Funktionalität auf Kosten der Geräteunabhängigkeit erhöht werden. Mobile Java-Applikationen, sogenannte MIDlets, können einfach verteilt und ausgeführt werden.

(vgl. [Koller 2008] Seite 2)

Adobe Flash Lite ist eine abgespeckte Version des Flash Player, speziell für mobile Geräte.

(vgl. [Koller 2008] Seite 2)

Die Unterschiede der beiden Umgebungen werden anhand eines praktischen Beispiels erläutert. In diesem Beispiel soll ein Spiel mit demselben Funktionsumfang sowohl für Java als auch für Adobe Flash erstellt werden. (vgl. [Koller 2008] Seite 3)

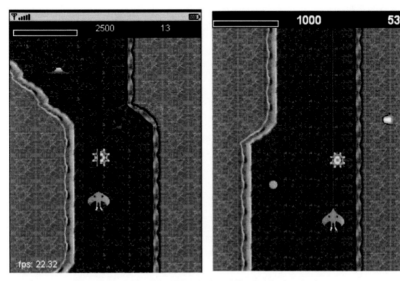

Abbildung 2: Vergleichs-Spiel für JME(links) und Flash Lite (rechts)
(vgl. [Koller 2008] Seite 4)

Schon bei der Entwicklung für die jeweiligen Umgebungen fallen die ersten Unterschiede auf. Die stark Objekt-Orientierte Programmierung in Java steht im Kontrast zur Zeitleisten-Orientierten, Sequenziellen Programmierung in Flash und ActionScript.
(vgl. [Koller 2008] Seite 4)

Für die Erstellung der Menüs bietet Flash mit der Zeitleiste ein wesentlich komfortableres Werkzeug. Es können in beiden Umgebungen gleichwertige Menüs erstellt werden, jedoch ist dies in Java mit einem höheren Aufwand verbunden.
(vgl. [Koller 2008] Seite 4)

Mit beiden Umgebungen ist es einfach, Grafiken und Audio-Dateien zu verwenden. Allerdings wird bei JME eine breitere Palette von Formaten unterstütz.

(vgl. [Koller 2008] Seite 4)

Der Zugriff auf das Dateisystem und das Speichern von Highscore-Werten in einer Datei ist in beiden Umgebungen einfach zu implementieren.

(vgl. [Koller 2008] Seite 5)

Bei der Erstellung der Game-Engine, also der zentralen Spiele-Steuerung kann bei Java ein Paket verwendet werden, welche die Funktionalität bereits erfüllt. In Flash muss hingegen die Funktionalität von Grund auf erstellt und implementiert werden, was einen erheblichen Zeitaufwand bedeutet.

(vgl. [Koller 2008] Seite 6)

Bei der Kollisions-Erkennung kann bei beiden Umgebungen auf bestehende Methoden zurückgegriffen werden. In Flash werden zur Kollision-Erkennung jedoch nur die Rechtecke der Grafiken unterstützt. In der JME werden dabei transparente Pixel unterstützt. Diese genauere Form der Kollisions-Erkennung der JME verbessert den Spiel-Eindruck wesentlich.

(vgl. [Koller 2008] Seite 6)

Für beide Umgebungen sind umfassende Dokumentationen erhältlich, welche die Entwicklung wesentlich erleichtern.

(vgl. [Koller 2008] Seite 6)

Bei der Entwicklung in Java sind für das Spiel gesamt ungefähr 3000 Code-Zeilen erforderlich. Zum Vergleich: in Flash sind lediglich 1000 Code-Zeilen erforderlich, um das Spiel umzusetzen. Ein wesentlicher Vorteil in Flash sind hier die grafischen Editoren, welche das Erstellen von Menüs und dergleichen wesentlich erleichtern.

(vgl. [Koller 2008] Seite 6)

Hinsichtlich der Datei-Größe der fertigen und ausführbaren Pakete ist nur ein geringer unterschied erkennbar. Die Dateigröße der JME-Applikation beläuft sich auf 81,5 KB. Die fertige Applikation für Flash ist 71,8 KB groß.

(vgl. [Koller 2008] Seite 6)

Ein wesentlicher Unterschied ist in der Ressourcen-Belegung während der Ausführung feststellbar. Hier kann festgestellt werden, dass das Spiel in der JME im Durchschnitt nur ein Fünftel der Ressourcen verbraucht, wie in der Flash Laufzeitumgebung.

(vgl. [Koller 2008] Seite 6)

Auch die Frame-Rate, also die Anzahl der Bild-Aktualisierungen pro Sekunde ist in der JME um drei Frames pro Sekunde höher als in Flash. In der Ausführung des Spiels macht dies jedoch einen merkbaren unterschied.

(vgl. [Koller 2008] Seite 6)

Zusammengefasst kann festgehalten werden, dass das Spiel für beide Umgebungen entwickelbar ist. Allerdings ist Java aufgrund der umfangreicheren Erweiterungen und ressourcenschonenderen Ausführung zu bevorzugen.

(vgl. [Koller 2008] Seite 7)

2.4 Adobe ActionScript

ActionScript 3.0 ist eine Objekt-Orientierte Programmiersprache. In Action-Script verfasste Programme benötigen die AIR-Laufzeitumgebung, um ausgeführt werden zu können.
(vgl. [ActionScript 3 2011] Seite 4)

ActionScript bietet viele eingebaute Klassen, welche dem Entwickler standardmäßig zur Verfügung stehen. Als Beispiel hierzu sei die Klasse NetConnection genannt. Mit dieser Klasse lässt sich beispielsweise sehr einfach eine Netzwerk-Verbindung aufbauen.
(vgl. [ActionScript 3 2011] Seite 5)

ActionScript stellt nur Klassen mit genereller Funktionalität bereit. Um beispielsweise Plattform-Spezifische Funktionen nutzen zu können, werden native Codeerweiterungen (ANE) verwendet.
(vgl. [AIR Native Extension 2013] Seite 5)

2.5 Apache Flex Software Development Kit

Apache Flex ist ein Software Development Kit (SDK), mit welchem plattformübergreifende Rich Internet Applikations erstellt werden können. Aus Action-Script-Code und dem in MXML verfassten Layout Code wird eine Flex-Applikation erstellt. Diese Anwendung läuft dann in der Adobe Flash Laufzeitumgebung.
(vgl. [Apache Flex 2013])

Flex wurde von Adobe Systems an die „Apache Software Foundation" gespendet. Diese Organisation betreut nun das Flex-Projekt weiter.
(vgl. [Apache Flex 2013])

Für Entwickler wird das Flex SDK als Erweiterung für bekannte Entwicklungsumgebungen angeboten.
(vgl. [Apache Flex 2013])

2.6 Adobe Native Extensions

Native Erweiterungen für Adobe AIR sind Code-Bibliotheken, welchen nativen Code enthalten. Dieser native Code ist mit einer in ActionScript verfassten API umhüllt und so in einer AIR-Applikation zugänglich.
(vgl. [AIR Native Extension 2013] Seite 5)

Native Extensions werden aus folgenden Gründen verwendet:

- Um Besonderheiten der Plattform ansprechen und verwenden zu können, welche standardmäßig in AIR nicht enthalten sind. ActionScript bietet Klassen mit genereller Funktionalität. Geräte-Spezifische Besonderheiten sind nicht in der Standard-Bibliothek von ActionScript enthalten. Diese geräte-spezifischen Besonderheiten, zum Beispiel Hardware, kann auch nicht direkt aus der AIR-Laufzeitumgebung angesprochen und verwendet werden. Durch eine Implementierung von nativem Code können diese Besonderheiten aber genutzt werden. Nativer Code hat nämlich Zugang zu geräte-spezifischer Hard- und Software.
(vgl. [AIR Native Extension 2013] Seite 5)

- Um bei kritischen Algorithmen eine höhere Performance erreichen zu können.
(vgl. [AIR Native Extension 2013] Seite 6)

- Um bestehende native Code-Bibliotheken wiederverwenden zu können.
(vgl. [AIR Native Extension 2013] Seite 6)

Eine Native Extension ist eine Kombination aus einer ActionScript-Klasse und nativem Code.

2.7 NativeProcess-ActionScript Klasse

ActionScript bietet eine NativeProcess-Klasse. Die Klasse erlaubt der AIR-Laufzeitumgebung nativen Code am Betriebssystem auszuführen. Diese Funktionalität ist ähnlich zu Native Extensions, da NativeProcess-Klassen ebenfalls den Zugriff auf Geräte-Spezifische Eigenschaften bieten. (vgl. [Native Process 2013])

Um nun zwischen NativeProcess-Klassen und Native Extensions unterscheiden zu können, sollten folgende Punkte berücksichtigt werden:

- Nur das `extendedDesktop` AIR-Profile unterstützen NativeProcess-Klassen. Für Anwendungen, welche `extendedTV, mobileDevice,` oder `extendedMobileDevice` AIR-Profile verwenden, sind NativeExtensions die einzige Möglichkeit.
  (vgl. [AIR Native Extension 2013] Seite 6)

- Mit einer Native Extension werden meist Implementierungen für mehrere Plattformen mitgeliefert. Der Zugriff erfolgt über eine einheitliche Schnittstelle. Wird jedoch die NativeProcess-Klasse verwendet, kann der Zugriff auf die bereitgestellte Funktionalität unter den verschiedenen Plattformen variieren.
  (vgl. [AIR Native Extension 2013] Seite 6)

Eine NativeProcess-Klasse startet bei der Ausführung einen eigenen Prozess. Hingegen läuft eine Native Extension im selben Prozess wie die AIR-Laufzeitumgebung. Daher muss bei Verwendung der NativeProcess-Klasse womöglich das Handling der Kommunikation zwischen den beiden Prozessen implementiert werden.
(vgl. [AIR Native Extension 2013] Seite 6)

2.8 ActionScript Klassen Bibliothek (SWC-Datei)

In einer SWC-Datei ist kein nativer Code enthalten. Daher sollten bei selbst erstellten Erweiterungen, in denen kein nativer Code benötigt wird, SWC-Dateien anstatt von Native Extensions verwendet werden. (vgl. [Adobe SWC-File 2012])

2.9 Unterstützte Geräte

In der folgenden Tabelle sind Geräte /Plattformen gelistet, welche Native Extensions unterstützen:

Unterstützte Geräte
Android-Geräte ab AIR 3 und Android 2.2
iOS Geräte ab AIR 3 und iOS 4.0
iOS Simulator ab AIR 3.3
Blackberry PlayBook ab AIR 2.7
Windows Desktop Geräte ab AIR 3.0
Mac OS X Desktop Geräte ab AIR 3.0
AIR für TV Geräte, ab AIR 2.5 für TV

Tabelle 2: unterstützte Plattformen für ANE

(vgl. [AIR Native Extension 2013] Seite 6)

2.10 Beispiel-Erweiterungen

Um dem Leser eine bessere Vorstellung von nativen Erweiterungen zu geben, werden in diesem Kapitel einige Beispiele für Adobe Native Extensions näher beschrieben.

Auf der Webseite von Adobe[1] werden ANE-Dateien Frei oder Kommerziell vertrieben. Auf dieser Seite werden detaillierte Informationen zur Verwendung der ANE-Dateien zur Verfügung gestellt.

Außerdem gibt es eine Vielzahl von Webseiten und Foren, zum Beispiel extensionforair.com[2] oder milkmangames.com[3], wo native Erweiterungen für die Adobe AIR angeboten werden.

ANE	Beschreibung
Vibration für Android und iOS	Die Erweiterung erlaubt es Anwendung für Android und iOS, die Vibrations-Funktion von Mobilgeräten zu verwenden. Diese Funktionalität wird von AIR standardmäßig nicht unterstützt. (vgl. [Adobe Vibrate Native Extension 2011]) Um die ANE verwenden zu können, muss diese zunächst dem Projekt hinzugefügt werden. Details zur Verwendung von ANE-Dateien finden sich im Praxis-Kapitel. Außerdem müssen die notwendigen Berechtigungen hinzugefügt werden, um die Vibration-Funktion hinzufügen und verwenden zu können. (vgl. [Adobe Vibrate Native Extension 2011]) Eine detaillierte Dokumentation zu dieser Erweiterung findet sich im online Tutorial[4].

---

[1] http://www.adobe.com/devnet/air/native-extensions-for-air.html

[2] http://extensionsforair.com/

[3] http://www.milkmangames.com/blog/tools/#iosgv

[4] http://www.adobe.com/devnet/air/native-extensions-for-air/extensions/vibration.html

Voice Command	Durch diese Erweiterung lassen sich Anwendungen über Sprache-Kommandos steuern. Diese Erweiterung ist für Android-Geräte erhältlich. Um diese Erweiterungen müssen die Berechtigungen für Audio-Aufnahme und die Benützung der Internet-Verbindung hinzugefügt werden. (vgl. [ANE Example 2013]
Contact Editor	Um einen Zugriff auf gespeicherte Kontakte zu bekommen, kann diese Erweiterung verwendet werden. (vgl. [Maćkowiak 2013]) Eine detaillierte Beschreibung zur Verwendung findet sich im entsprechenden Tutorial[5].
Rate-Box Mobile Extension	Mit dieser Erweiterung wird es den Benutzern der Anwendung erleichtert, Bewertungen im jeweiligen App-Store abzugeben. (vgl. [milkmangames.com 2013]) Die Erweiterung bietet eine Auswahl von Parametern, welche bei der Verwendung der App mitgeloggt werden sollen. Diese Erweiterung ist für Android und iOS Geräte verfügbar und wird für USD 19,99 angeboten. (vgl. [milkmangames.com 2013]) Eine detaillierte Anleitung zur Verwendung der Erweiterung findet sich im Tutorial[6].

Tabelle 3: Beispiel-Erweiterungen

---

[5] http://extensionsforair.com/extensions/contact-editor/

[6] http://www.adobe.com/devnet/air/articles/ratebox-ane-ios-android.html

2.11 Zusammenfassung

Für das allgemeine Verständnis von Laufzeitumgebungen und nativen Erweiterungen ist es notwendig, die technischen und geschichtlichen Hintergründe zu kennen. Diese Grundlagen wurden in diesem Kapitel erläutert.

Betrachtet man die in der vorigen Tabelle angeführten Beispiele-Erweiterungen, so erkennt man das enorme Potential von ANE-Paketen. Mit Hilfe der ANE-Dateien kann die Funktionalität von Anwendungen sehr einfach um ein vielfaches erweitert werden.

Außerdem lässt sich das breite Anwendungsgebiet von nativen Erweiterungen erahnen.

Sowohl für Entwickler von AIR-Applikationen als auch für Programmierer auf nativer Ebene lohnt es sich also, mit dem Konzept der Adobe Native Extensions vertraut zu sein.

3 Architektur von Native Extensions

In diesem Kapitel wird die Architektur der Adobe Integrated Runtime in Verbindung mit Adobe Native Extensions erläutert.

3.1 Allgemeine Architektur

Die AIR-Laufzeitumgebung ermöglicht in Verbindung mit einer ANE folgende Funktionalitäten:

- In ActionScript können Funktionen, welche in nativem Code verfasst sind, aufgerufen werden.

- Es können Daten zwischen ActionScript und nativem Code ausgetauscht werden.

- Aus dem nativen Code heraus können Events an ActionScript ausgelöst und weitergegeben werden.

(vgl. [AIR Native Extension 2013] Seite 7)

Um nun eine Native Extension erstellen zu können, werden folgende „Bausteine" benötigt:

- Eigene ActionScript Klasse:
  Diese AS-Klasse verwendet die ActionScript APIs um Zugriff auf den nativen Code zu erhalten.

- Eine native Code-Implementierung:
  Diese native Code Implementierung verwendet die APIs um Daten mit der ActionScript Klasse austauschen zu können.

- Sonstige Ressourcen:

  Weiter Bestandteile, welche von der ActionScript-Klasse oder vom nativen Code verwendet werden, beispielsweise Bilder.

(vgl. [AIR Native Extension 2013] Seite 7)

In der folgenden Abbildung werden die Interaktionen zwischen der nativen Erweiterung, der AIR-Laufzeitumgebung und dem Gerät grafisch dargestellt.

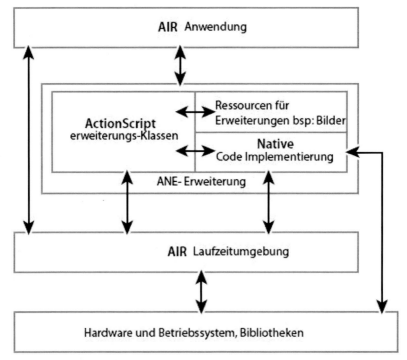

Abbildung 3: ANE-Architektur
(vgl. [AIR Native Extension 2013] Seite 8)

3.2 Native Architektur

Die Adobe AIR bietet native Code APIs, welche im nativen Code implementiert sein müssen, damit diese mit ActionScript interagieren können. Diese APIs sind verfügbar in C und Java.
(vgl. [AIR Native Extension 2013] Seite 8)

Die eigene native Code Erweiterung kann entweder das C-Interface oder das Java-Interface verwenden, beides zusammen funktioniert nicht.
Es müssen aber nicht ausschließlich diese Sprachen verwendet werden. Beispielsweise kann mit dem C-Interface auch C++ oder Objective C verbunden werden.
(vgl. [AIR Native Extension 2013]Seite 8)

Die folgende Tabelle zeigt, auf welchem Ziel-Gerät welche APIs verwendet werden müssen.

Ziel-Gerät	Zu verwendende Native-Code API
Android Geräte	Java API with the Android SDK. C API with the Android NDK.
iOS Geräte	C API
Blackberry PlayBook	C API
Windows Desktop Geräte	C API
Mac OS X Desktop Geräte	C API
AIR for TV devices	C API

Tabelle 4: Ziel-Geräte und zu verwendende Native APIs
(vgl. [AIR Native Extension 2013] Seite 8)

Native Extensions können für mehrere Plattformen programmiert werden. Eine native Erweiterung kann beispielsweise für Android und iOS Geräte verwendet werden. In diesem Fall kann die ActionScript-Klasse und die native Code Implementierung mit den nativen Code Sprachen unter den Plattformen variieren.
(vgl. [AIR Native Extension 2013] Seite 8)

Die ActionScript-Klasse sollte die gleichen ActionScript Public-Interfaces bereitstellen, unabhängig von der jeweiligen nativen Implementierung. Dadurch wird dieselbe Funktionalität auf allen Plattformen sichergestellt. Bei gleichbleibenden Public Interfaces wird für jede Plattform-Implementierung eine eigene ActionScript-Bibliothek erzeugt.
(vgl. [AIR Native Extension 2013] Seite 9)

Es können auch native Erweiterungen erstellt werden, welche für gewisse Plattformen keine Implementierung aufweisen. Dies wäre beispielsweise in folgenden Situationen sinnvoll:

- Wenn nur wenige Plattformen die gewünschte Funktionalität unterstützen:
  Beispielsweise kann eine native Erweiterung für gewisse Plattformen nativen Code bereitstellen, um zum Beispiel ein Mobil-Gerät vibrieren zu lassen. Auf anderen Plattformen, zum Beispiel auf Desktop-Geräten kann eine reine Implementierung in ActionScript ohne nativen Code erfolgen.

- Wenn eine native Erweiterung getestet werden soll:
  Hier macht es ebenfalls Sinn, eine Implementierung für Test-Zwecke für Desktop-Maschinen bereitzustellen. Der native Code kann dann in einem zweiten Schritt auf der Ziel-Plattform getestet werden.

(vgl. [AIR Native Extension 2013] Seite 9)

Bei der Veröffentlichung von Native Extensions wird ein sogenanntes „desc-riptor-File", also eine Beschreibungs-Datei benötigt. Diese ist in XML-Format aufgebaut. In dieser Datei werden in `<platform>`-Tags die Ziel-Plattformen angegeben, beispielsweise `iPhone-ARM` oder `Windows-x86`. Es ist auch möglich eine Standard-Implementierung default anzugeben. Diese hat zwingend eine reine ActionScript Implementierung ohne nativen Code. (vgl. [AIR Native Extension 2013] Seite 9)

Es muss zwingend eine Ziel-Plattform mit nativem Code implementiert werden. Wenn kein nativer Code erforderlich ist, sollte die Erweiterung als SWC-Datei erstellt werden. (vgl. [AIR Native Extension 2013] Seite 9)

Die Erweiterung wird gemeinsam mit der AIR-Anwendung verpackt und am Ziel-Gerät installiert. Eine native Erweiterung wird einmal geladen, wenn die Anwendung ausgeführt wird. Um die native Implementierung nutzen zu können ruft der Action-Script-Teil die spezielle ActionScript API auf, um einen `extension context` zu erzeugen. (vgl. [AIR Native Extension 2013] Seite 10)

Hierbei können zwei Arten unterschieden werden:

- Ein Extension-Context:
  Für einfache Erweiterungen wird meist ein Extions-Context verwendet, welcher ein Set an Funktionen nativ implementiert.
  (vgl. [AIR Native Extension 2013] Seite 10)

- Mehrere Extension-Context, welche parallel existieren:
  Dies ist Sinnvoll, wenn ActionScript-Objekte mit nativen Objekten verbunden werden sollen. Jede Verbindung zwischen einem ActionScript-Objekt und einem nativen Objekt bildet einen extension Context.
  (vgl. [AIR Native Extension 2013] Seite 10)

Die Extension-Context Instanzen können unterschiedliche Context-Typen haben. Eine native Erweiterung kann verschiedene Funktionen für jeden Context-Typ bereitstellen.
Jeder Extension-Context kann kontext- spezifische Daten haben, welche in der Implementierung angegeben und verwendet werden können.
Ein Extension-Context kann nur über einen ActionScript-Code in der Erweiterung erstellt werden. Der Context kann nicht über nativen Code oder Anwendungs-Code erstellt werden.
(vgl. [AIR Native Extension 2013] Seite 10)

3.3 Fazit

Bereits an dieser Stelle wird deutlich, dass es sich bei der Erstellung von nativen Erweiterungen um eine komplexe Aufgabenstellung handelt. Mit nativen Erweiterungen werden zwei unterschiedliche Umgebungen miteinander verknüpft.
Es ist hier ein fundiertes Wissen in beiden Bereichen erforderlich, um ANE-Pakete erstellen zu können. Einerseits muss die Funktionsweise der Adobe AIR in Verbindung mit ActionScript beherrscht werden, um die Möglichkeiten

und Grenzen der Laufzeitumgebung zu erkennen. Andererseits ist fundiertes Wissen in der nativen Programmierung erforderlich, um die gewünschte native Funktionalität für AIR und ActionScript verfügbar machen zu können.

Des Weiteren bietet die komplexe Architektur der Adobe Native Extensions meist mehrere Möglichkeiten, um eine gewünschte Funktionalität zu erreichen.

4 Entwicklungsschritte

Um eine Adobe Native Extension zu erstellen, sind folgende Schritte notwendig:

- Definieren von Methoden der ActionScript erweiterungs-Klasse.
- Programmieren der ActionScript Erweiterungs-Klasse
- Programmieren der nativen Implementierung
- Kompilieren und Erstellen der ActionScript Seite und der nativen Erweiterung.
- Erstellen eines Descriptor-Files
- Verpacken der Erweiterung und der verwendeten Ressourcen
- Dokumentieren der Public Interfaces der ActionScript-Klasse

(vgl. [AIR Native Extension 2013] Seite 10)

Typischerweise werden diese Schritte in einem iterativen Prozess durchlaufen.

4.1 Die Programmierung in ActionScript

Die ActionScript Erweiterungs-Klasse verwendet und tauscht Daten mit der nativen Implementierung aus. Dieser Zugriff erfolgt unter Verwendung der Klasse ExtensionContext.
(vgl. [AIR Native Extension 2013] Seite 12)

Folgende Funktionalität kann bei der Implementierung in ActionScript genutzt werden:

- Es können öffentlichen Schnittstellen zur ActionScript Erweiterungs-Klasse definiert werden.

- Die statische Methode `ExtensionCon-text.createExtensionContext()` kann verwendet werden, um eine Instanz einer Klasse zu erzeugen.
- Die `call()` Methode kann verwendet werden, um nativ implementierte Methoden ansprechen zu können.
- `EventListener` kann auf die ExtensionContext Instanz gelegt werden, um nach Events zu horchen, welche von der nativen Implementierung ausgelöst werden.
- Mit der `dispose()`-Methode kann die ExtensionContext-Instaz beendet werden.
- Es kann Datenaustausch zur nativen Implementierung erfolgen. Es können sämtliche ActionScript-Objekte ausgetauscht werden.
- Es kann die `getExtensionDirectory()`-Methode verwendet werden, um Zugriff auf das Verzeichnis zu bekommen, in welchem die Erweiterung installiert wurde. Alle Informationen und benötigen Ressourcen binden sich in diesem Verzeichnis.

(vgl. [AIR Native Extension 2013] Seite 12)

In einem ersten Schritt werden die öffentlichen Schnittstellen definiert. Andere Anwendungen verwenden diese Schnittstellen, um mit Objekten der Klasse interagieren zu können.
(vgl. [AIR Native Extension 2013] Seite 12)

Als Beispiel wird hier eine Klasse erstellt, welche es später ermöglicht, den Kanal eines Fernsehers zu ändern. Die ausprogrammierte Klasse „TVChannelController" befindet sich im Code-Anhang.

In jeder nativen Erweiterung sollte eine `isSupported()`-Methode imple-mentiert sein. Diese Methode prüft, ob die Erweiterung auf dem Gerät unter-stütz wird. Vor Verwendung der Erweiterung soll mittels `isSupported()` geprüft werden, ob die Erweiterung überhaupt unterstütz ist.
(vgl. [AIR Native Extension 2013] Seite 13)

Um die native Implementierung verwenden zu können, muss in ActionScript ein Objekt der Klasse ExtensionContext über die Methode createExtension-Context() erstellt werden. Diese Methode liefert ein Objekt der Klasse Exten-sionContext zurück. Diese Methode erwartet ebenfalls zwei Parameter, eine Erweiterungs-ID und einen Kontext-Typ.
(vgl. [AIR Native Extension 2013] Seite 13)

```
public function TVChannelController() {
    extContext = ExtensionContext.createExtensionContext(
        "com.example.TVControllerExtension", "channel");
}
```
Codebeispiel 1: Konstruktor mit ExtensionContext-Aufruf

Um Ressourcen zu sparen wird ExtensionContext erst initialisiert, wenn die Anwendung die Erweiterung wirklich benötigt. Die Initialisierung geschieht daher meist im Konstruktor der Klasse.
(vgl. [AIR Native Extension 2013] Seite 14)

Die Erweiterungs-ID ist ein String-Parameter, welchen die Erweiterung ein-deutig identifiziert. Dieser Name ist derselbe, wie er im Descriptor-File unter dem ID-Element verwendet wird.
(vgl. [AIR Native Extension 2013] Seite 14)

Als eindeutige ID sollte hier die in der Programmierung übliche verkehrte DNS-Bezeichnung verwendet werden.
(vgl. [AIR Native Extension 2013] Seite 14)

Der Kontext-Typ ist ein String-Parameter, welcher die Erweiterung näher beschreibt.

Beispielsweise könnte die im Beispiel verwendete Erweiterung den Kanal und die Lautstärke des Fernsehers ändern. Durch die Übergabe von „channel" wird hier klar, welche Funktionalität genau gemeint ist.

Die native Implementierung verwendet den Kontext-Typ bei der Initialisierung.

Der Kontext-Typ kann dazu verwendet werden, um Objekte im ActionScript mit Objekten im nativen Code zu verbinden. In der nativen Implementierung wird abhängig vom Context-Typ ein unterschiedliches Set an Funktionen bereitgestellt.

(vgl. [AIR Native Extension 2013] Seite 14)

Der Aufruf einer nativ implementierten Methode geschieht über die Methode `call()` und sieht wie folgt aus:

```
public function set currentChannel(channelToSet:int):void {
      extContext.call("setDeviceChannel", channelToSet);
}

public function get currentChannel():int {
      channel = int (extContext.call("getDeviceChannel"));
      return channel;
}
```

Codebeispiel 2: Aufruf von nativen Funktionen

Die call()-Methode erwartet folgende Parameter:

- Den Funktions-Namen als String. Dieser repräsentiert eine nativ implementierte Funktion. In der nativen Implementierung wird die Beziehung zwischen dem Funktions-Namen als String und der tatsächlichen Funktion hergestellt.

  (vgl. [AIR Native Extension 2013] Seite 15)

- Eine optionale Liste an Parametern. Jeder Parameter wird an die native Funktion übergeben. Parameter können primitive Datentypen oder ActionScript-Objekte sein.

  (vgl. [AIR Native Extension 2013] Seite 15)

Ebenso ist der Rückgabe-Wert einer der call()-Methode entweder ein primitiver Datentyp oder ein ActionScript-Objekt.

(vgl. [AIR Native Extension 2013] Seite 15)

An dieser Stelle wird nochmals an die ausprogrammierte ActionScript-Klasse im Code-Anhang verwiesen.

Die native Implementierung kann Events an die ActionScript-Klasse auslösen. Auf die Instanz des ExtensionContext werden mittels addEventListener() ausgelöste Events abgefangen.

(vgl. [AIR Native Extension 2013] Seite 15)

Hierzu folgendes Beispiel:

Die ActionScript Erweiterungs-Klasse erhält eine zusätzliche Methode `scanChannels()`, mit der nach verfügbaren Kanälen gesucht wird. Diese ruft wiederum die native Methode `scanDeviceChannels` auf. Diese native Funktion sucht dann nach allen verfügbaren Kanälen. Ist der Suchvorgang abgeschlossen, wird ein Event ausgelöst.

Im Konstruktor wird also folgender Code hinzugefügt:

```
public function TVChannelController() {
    extContext = ExtensionContext.createExtensionContext(
        "com.example.TVControllerExtension", "channel");
    extContext.addEventListener(StatusEvent.STATUS, onStatus);
}
```

Codebeispiel 3: Konstruktor mit EventListener

In der ActionScript-Klasse wird die neue Methode scanChannels() hinzugefügt. Das Ausführen der Methode scanChannels() bewirkt, dass ein nativ implementierter Code ausgeführt wird, welcher nach verfügbaren Kanälen sucht. Sobald die Suche abgeschlossen ist, wird ein Event ausgelöst.

Nach auslösen des Events wird die ActionScript-Methode onStatus() ausgeführt. In dieser Funktion wird der Event überprüft und die aktuelle Liste der gefundenen Kanäle von der nativen Implementierung abgefragt. Diese Liste wird anschließend in der Variable scannedChannelList gespeichert. Außerdem wird ein Event scanCompleted-Event ausgelöst.

Die Anwendung, welche diese Erweiterung verwendet kann auf diesen Event nun reagieren und die aktuelle Liste der Kanäle abfragen.

```
private var scannedChannelList:Vector.<int>;

private function onStatus(event:StatusEvent):void {
    if ((event.level == "status") && (event.code == "scanCompleted")) {
        scannedChannelList = (Vector.<int>) (extContext.call
("getDeviceChannels"));
        dispatchEvent (new Event ("scanCompleted") );
    }
}
```

Codebeispiel 4: Abfragen der verfügbaren Kanäle

Wichtig ist dabei folgendes zu beachten:

- Die native Implementierung kann nur StatusEvent-Objecte auslösen. Daher muss der `EventListener` auch auf `StatusEvent.Status` horchen.
(vgl. [AIR Native Extension 2013] Seite 15)

- In der nativen Implementierung können die Eigenschaften `level` und `code` beliebig gesetzt werden. Diese Eigenschaften können dann im AchtionScript-Code abgefragt werden.
(vgl. [AIR Native Extension 2013] Seite 16)

- Die Erweiterungs-Klasse muss in ActionScript die Klasse Event-Dispatcher erweitern. Dadurch können auch Events ausgelöst werden.
(vgl. [AIR Native Extension 2013] Seite 16)

Hier nun ein Beispiel einer ActionScript-Anwendung, welche die Erweiterungs-Klasse verwendet:

Zunächst wird ein Objekt des TVChannelControllers erzeugt und ein Event-Listener darauf gelegt. Als nächstes werden die verfügbaren Kanäle gescannt.
Ist der Scan-Vorgang abgeschlossen, werden die verfügbaren Kanäle geladen.

```
var channelController:TVChannelController = new TVChannelController();
channelController.addEventListener("scanCompleted", onChannelsScanned);
channelController.scanChannels();
var channelList:Vector.<int>;


private function onChannelsScanned(evt:Event):void {
    if (evt.type == "scanCompleted") {
        channelList = channelController.scanChannels();}
}
```

Codebeispiel 5: verwenden der ANE-AS-Klasse

Bevor nun die Applikation beendet wird, muss die native Implementierung wieder ausgebunden und beendet werden. Dies passiert mit der Extension-Context-Methode `dispose()`. Diese Methode informiert die native Implementierung sich zu beenden und die von der Instanz verwendeten Ressourcen wieder freizugeben.

(vgl. [AIR Native Extension 2013] Seite 17)

Die Implementierung dieser Funktionalität in ActionScript könnte beispielsweise wie folgt aussehen:

```
public function dispose (): void {
    extContext.dispose();
    // Hier können auch andere verwendete Ressourcen wieder freigegeben
werden.
}
```

Codebeispiel 6: Implementierung der dispose()-Funktion

Die ActionScript-Erweiterungs-Klasse muss nicht explizit die dispose()-Methode aufrufen. Geschieht dies nicht, so übernimmt diese Aufgabe der Garbage-Collector der Laufzeitumgebung.

(vgl. [AIR Native Extension 2013] Seite 17)

Es empfiehlt sich jedoch, die `dispose()`-Methode explizit zu nutzen. Dadurch werden Ressourcen viel schneller freigegeben, als wenn auf den Garbage-Collector gewartet werden muss.

(vgl. [AIR Native Extension 2013] Seite 17)

Der Aufruf der `dispose()`-Methode bewirkt den Aufruf der nativ implementierten context-finalizer-Methode.

Um Dateien, wie beispielsweise Bilder oder das descriptor-File in der Erweiterung aufrufen zu können, gibt es dafür einen einheitlichen Zugriff. Mit der statischen Methode des ExtensionContext `getExtensionDirectory()` kann auf die Dateien zugegriffen werden.

(vgl. [AIR Native Extension 2013] Seite 18)

Hier ein Beispiel:

```
var extDir:File = ExtensionContext.getExtensionDirectory(
"com.example.TVControllerExtension");
```
Codebeispiel 7: Zugriff auf Datei-System

Diese Methode erwartet sich als Parameter den Namen der Erweiterung. Dies ist derselbe String-Wert, wie er auch im descriptor-File unter `<id>` verwendet wird. Außerdem wird dieser Name beim Erstellen des ExtensionContexts mit der Methode `ExtensionContext.createExtensionContext()` verwendet.

Der Rückgabewert dieser Methode bezieht sich auf die Basis des Erweiterungs-Verzeichnisses.

(vgl. [AIR Native Extension 2013] Seite 18)

Egal wo genau sich die Erweiterung auf dem Gerät befindet, die Erweiterungs-Dateien und Pfade sind immer die gleichen. Eine Ausnahme sind iOS-Geräte. Die Ressourcen für die Erweiterungen befinden sich hier im Haupt-Anwendungs-Verzeichnis.

(vgl. [AIR Native Extension 2013] Seite 18)

4.2   Die Programmierung in C

In diesem Kapitel wird beschrieben, wie der native Teil einer Adobe Native Extension in C erstellt wird.

Die C API kann in der Datei FlashRuntimeExtension.h ausgelesen werden. Dieses File liegt im Verzeichnis der AIR SDK im Unterordner `include`. (vgl. [AIR Native Extension 2013] Seite 20)
Bei der Implementierung in C werden folgende Aktionen durchgeführt:

- Initialisieren der Erweiterung
- Initialisieren jedes Erweiterungs-Kontexts, wenn dieser erstellt wird.
- Definieren von Funktionen, welche in ActionScript genutzt werden.
- Auslösen von Events an die ActionScript-Seite.
- Zugriff auf Daten von der ActionScript Seite und Zurückgabe der Daten.
- Erstellen und Verwenden von Kontext-Spezifischen nativen Daten und Kontextspezifischen ActionScript-Daten.
- Bereinigen von Ressourcen bei Beendigung der Erweiterung.

(vgl. [AIR Native Extension 2013] Seite 20)

Um die native Erweiterung zu starten, ruft die Laufzeitumgebung eine nativ implementierte Start-Funktion auf. Diese Funktion wird jedes Mal aufgerufen, wenn die Applikation, welche die Erweiterung verwendet, gestartet wird. Also genau dann, wenn im ActionScript-Code folgender Befehl zum ersten Mal abgesetzt wird:

`ExtensionContext.createExtensionContext()`

(vgl. [AIR Native Extension 2013] Seite 20)

Die Initialisierungs-Funktion in C kann beispielsweise so aussehen:

```
void MyExtensionInitializer
(void** extDataToSet, FREContextInitializer* ctxInitializerToSet,
FREContextFinalizer* ctxFinalizerToSet)
{
        extDataToSet = NULL; //es werden keine Daten in diesem Beispiel
gesetzt
        *ctxInitializerToSet = &MyContextInitializer;
        *ctxFinalizerToSet = &MyContextFinalizer;
}
```

Codebeispiel 8: native Initialisierung in C

Diese Methode liefert folgende Werte zurück an die Laufzeitumgebung:

- Einen Pointer, welcher später bei der Erstellung von neuen Erweiterungs-Kontexten weitergegeben wird. Dieser nennt sich „extension Data" und kann Beispielsweise eine Referenz auf eine verwendete Bibliothek sein. Damit können Daten an die jeweiligen Erweiterungs-Kontexte weitergegeben werden.

- Einen Pointer zur Kontext-Intitialisierungs-Funktion. Bei jedem Aufruf von `ExtensionContext.createExtensionContext()` wird diese Funktion nativ aufgerufen.

- Einen Pointer zur Kontext-Beendigungs-Funktion. Diese Funktion wird ausgeführt, wenn die ActionScript-Methode `dispose()` aufgerufen wird.

Der Name der Initialisierungs-Methode kann frei gewählt werden. Dieser muss aber im descriptor-File bekannt gemacht werden.
(vgl. [AIR Native Extension 2013] Seite 21)

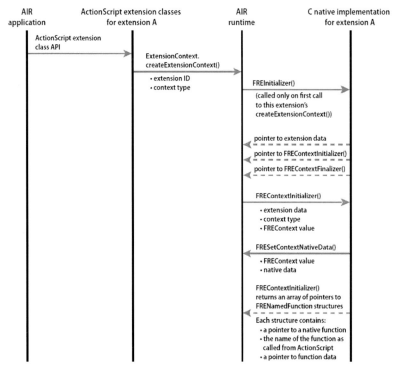

Abbildung 4: Ablauf der nativen Initialisierung
(vgl. [AIR Native Extension 2013] Seite 21)

Um native C-Methoden verwenden zu können, wird in der ActionScript-Seite zuerst die statische Methode `ExtensionContext.createExtensionContext()` aufgerufen.
(vgl. [AIR Native Extension 2013] Seite 21)

Dies führt in der Laufzeitumgebung zu folgenden Aktionen:
- Es wird eine ExtensionContext-Instanz erstellt
- Aufruf der initialisierungs-Funktion des ExtensionContexts.

(vgl. [AIR Native Extension 2013] Seite 21)

Die Funktion der ExtensionContext Initialisierung startet die Implementierung für den neuen Extension-Context.
(vgl. [AIR Native Extension 2013] Seite 21)

In dem folgenden Beispiel wird ein ExtensionContext für eine Vibrations-Funktion erstellt:

```c
void ContextInitializer(void* extData, const uint8_t* ctxType, FREContext ctx,
uint32_t* numFunctionsToSet, const FRENamedFunction** functionsToSet)
{
        *numFunctionsToSet = 2;
        FRENamedFunction* func = (FRENamedFunction*) malloc (sizeof
(FRENamedFunction)*2);
        func[0].name = (const uint8_t*)"isSupported";
        func[0].functionData = NULL;
        func[0].function = &IsSupported;

        func[1].name = (const uint8_t*)"vibrateDevice";
        func[1].functionData = NULL;
        func[1].function = &VibrateDevice;

        *functionsToSet = func;
}
```

Codebeispiel 9: nativer ContextInitializer in C

Diese Initialisierungs-Funktion erhält folgende Parameter.

- extension-Data: Das ist jener Parameter, welche von der erweite-rungs-Initialisierungs-Funktion übergeben wurde.
- context-Typ. Der ActionScript-Methode `ExtensionCon-text.createExtensionContext()` wird ein Parameter überge-ben, welcher den Kontext-Typ spezifiziert. Von der Laufzeitumgebung wird dieser String an diese native Funktion übergeben. In der nativen Implementierung kann dann je nach Typ ein unterschiedliches Set an Funktionen geladen werden.
- FREContext-Objekt. Die Laufzeitumgebung erstellt für jeden Context-Typ ein solches Objekt. Dieser wird intern verwendet, um ein Assozia-tion zur ExtensionContext-Klasse in ActionScript zu erstellen.
  Dieses Objekt wird beispielsweise verwendet, wenn ein Event nativ ausgelöst und an ActionScript weitergegeben werden soll.

(vgl. [AIR Native Extension 2013] Seite 22)

Außerdem werden in dieser Funktion folgende Ausgabe-Parameter gesetzt:

- Ein Array mit nativen Funktionen. Aus ActionScript heraus kann jede dieser Funktionen mit der ExtensionContext-Methode `call()` aufge-rufen werden.
  (vgl. [AIR Native Extension 2013] Seite 22)

- Die Elemente des Array sind vom Typ FRENamedFunction. Diesem Objekt müssen folgende Parameter übergeben werden:
  - o Name der Funktion: dieser String muss später der Methode call() in ActionScript übergeben werden.
  - o Pointer zur nativen Funktion in C.: Dadurch kann die Laufzeitumgebung eine Beziehung zur nativen Funktion herstellen.

  (vgl. [AIR Native Extension 2013] Seite 22)

- Die Anzahl an nativ implementierten Funktionen.

  (vgl. [AIR Native Extension 2013] Seite 22)

Um nun aus ActionScript heraus native Funktionen aufrufen zu können, wird in ActionScript die ExtensionContext-Methode call() aufgerufen. Diese Methode nimmt 2 Parameter entgegen:

- Den Namen der Funktion: Die Namen der Funktionen werden in dem Funktionen-Array in der Kontext-Initialisierungs-Funktion definiert.

  (vgl. [AIR Native Extension 2013] Seite 23)

Typischerweise werden für Funktionen in ActionScript und dazugehörige native Funktionen dieselben Bezeichnungen verwendet.

- Eine Liste von Argumenten für die native Funktion: Diese Objekte können ActionScript Objekte sein, sowohl primitive als auch Action-Script-Klassen Objekte.

  (vgl. [AIR Native Extension 2013] Seite 23)

Die nativ implementierten Funktionen müssen folgende Parameter überneh-
men:

- Den FREContext-Value: die nativen Funktionen erhalten über diesen
  Wert Informationen, aus welchem Kontext heraus die native Funktion
  aufgerufen wurde. Abhängig vom Kontext kann eine Funktion unter-
  schiedliche Funktionalität haben. Außerdem wird dieser Wert benötigt,
  um asynchrone Events an ActionScript zu senden.
- Einen Pointer zu funktionsspezifischen Daten.
- Die Anzahl an Parametern, welche der Funktion mitgegeben wurden.
- Die Funktionen-Parameter selbst. Jeder Parameter hat den Typ FRE-
  Object. Diese Parameter passen zu ActionScript-Klassen-Objekten
  oder primitiven Objekten.

(vgl. [AIR Native Extension 2013] Seite 23)

Eine native Funktion hat außerdem als Rückgabe-Wert ein FREObjekt. Die
Laufzeitumgebung liefert dann dieses Objekt als Rückgabe-Wert der ExtensionContext call()-Funktion.
(vgl. [AIR Native Extension 2013] Seite 25)

In dem folgenden Diagramm wird der Funktionsaufruf aus einer AIR-
Anwendung dargestellt. Dies führt zum Aufruf der nativen C-Funktion mit
dem Namen FREFunctionF(). Diese Funktion bekommt kontext-
Spezifische native Daten übergeben. Außerdem wird ein Integer-Wert eines
ActionScript-Objekts übergeben. In der Funktion wird ein asynchroner
Thread gestartet, welcher später ein Event wirft.
(vgl. [AIR Native Extension 2013] Seite 25)

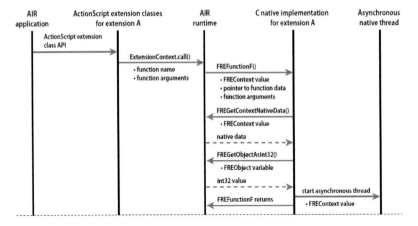

Abbildung 5: Aufruf einer nativen Funktion aus AS

(vgl. [AIR Native Extension 2013] Seite 26)

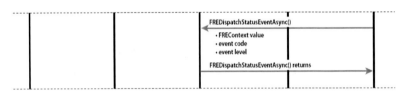

Abbildung 6: native Event-Auslösung

(vgl. [AIR Native Extension 2013] Seite 26)

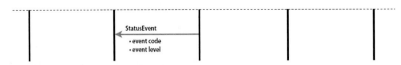

Abbildung 7: Event-Benachrichtigung in AS

(vgl. [AIR Native Extension 2013] Seite 26)

Um aus dem nativen Code Events an ActionScript senden zu können, muss die Funktion FREDispacthStatusEventAsync() ausgeführt werden. Ziel dieser Funktion ist eine Instanz des ActionScript ExtensionContext.

(vgl. [AIR Native Extension 2013] Seite 26)

```
FREDispatchStatusEventAsync(extensionContext, (uint8_t*) [event_name
UTF8String], (uint8_t*)[@"Level" UTF8String]);
```

Codebeispiel 10: auslösen eines Events in C

Wenn die Anwendung geschlossen wird, soll auf der ActionScript-Seite die
`dispose()`-Methode aufgerufen werden. Der Aufruf dieser Methode führt in
der Laufzeitumgebung dazu, dass die Context-Finalize-Funktion nativ aufgerufen wird.
(vgl. [AIR Native Extension 2013] Seite 23)

Die Finalize-Methode übernimmt als Parameter den FREContext-Wert. In
dieser Methode sollen alle Daten und nativ verwendeten Ressourcen des
Kontexts wieder freigegeben werden.
(vgl. [AIR Native Extension 2013] Seite 23)

Wird die dispose()-Funktion nicht explizit aufgerufen, so wird diese Funktion
vom GarbageColllector ausgeführt, wenn keine Referenzen mehr auf das
Objekt bestehen.
(vgl. [AIR Native Extension 2013] Seite 24)

In der Folgenden Grafik wird der Beendigungs-Vorgang dargestellt:

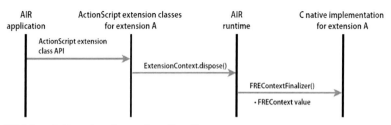

Abbildung 8: Beenden einer nativen Erweiterung
(vgl. [AIR Native Extension 2013] Seite 24)

Durch den Aufruf der dispose()-Funktion wird der Erweiterungs-Kontext beendet. Die Erweiterung selbst bleibt noch geladen. Um nun die Erweiterung selbst beenden zu können, wird eine Extension-Finalize-Funktion implementiert.
(vgl. [AIR Native Extension 2013] Seite 24)

Die ExtensionFinalize-Funktion nimmt als Parameter die ExtensionData entgegen. Die ExtensionData wurde bei Initialisierung der Erweiterung erstellt. In der ExtensionFinalize-Funktion sollen alle Ressourcen, welche nativ von der Erweiterung selbst verwendet werden, wieder freigegeben werden.
(vgl. [AIR Native Extension 2013] Seite 24)

Der Name der ExtensionFinalize-Funktion wird im descriptor-File entsprechend angegeben.

An dieser Stelle sei noch erwähnt, dass die Laufzeitumgebung die nativ programmierten Funktionen in mehreren konkurrierenden Threads aufrufen kann. Dies kann Beispielsweise beim gleichzeitigen Zugriff auf global genutzte Daten zu Problemen führen.
(vgl. [AIR Native Extension 2013] Seite 26)

4.3 Die Programmierung in Java

Native Erweiterungen für Android werden mit Java erstellt. Natürlich kann unter Verwendung des Android Native Development Kits die native Erweiterung auch in C geschrieben werden.
(vgl. [AIR Native Extension 2013] Seite 35)

Die Java-API wird im AIR-SDK Ordner indem File FlashRuntimeExtensions.jar angeboten. Das File befindet sich im Unterordner lib/android.

Um eine Erweiterung in Android zu erstellen, sind folgende Schritte erforderlich:

- Das FREExtension-Interface muss implementiert werden.
- Die abstrakte FREContext muss erweitert und implementiert werden.
- Die FREFunction muss für jede Methode implementiert werden, welche aus ActionScript heraus aufgerufen werden soll.

(vgl. [AIR Native Extension 2013] Seite 35)

Die native Erweiterung in Android muss das FREExtension-Interface implementieren. Diese FREExtension-Instanz ist der Einstiegspunkt für den Java-Code.
Im descriptor-File muss der Fully-Qualified Name dieser Klasse im Initializer-Element angegeben werden.
(vgl. [AIR Native Extension 2013] Seite 35)

Die Implementierung der `createContext()`-Methode ist der wichtigste Teil der FREExtension-Implementierung. Diese Methode wird von der AIR-Laufzeitumgebung aufgerufen, wenn von der ActionScript-Seite die Methode `ExtensionContext.createExtensionContext()` ausgeführt wird.
Diese Methode muss ein Objekt der FREContext- Klasse zurückgeben.
(vgl. [AIR Native Extension 2013] Seite 35)

Die anderen Methoden der FREExtension-Implementierung sind die Methoden `initialize()` und `dispose()`. Diese Methoden werden von der Laufzeitumgebung automatisch aufgerufen. Diese Methoden können zur Reservierung und zur Freigabe von Ressourcen verwendet werden. Nicht für jede Erweiterung müssen diese Methoden verwendet werden.
(vgl. [AIR Native Extension 2013] Seite 35)

Der Konstruktor der Klasse, welche das FREExtension-Interface implementiert, darf keine Parameter erwarten.
(vgl. [AIR Native Extension 2013] Seite 35)

Die AIR-Laufzeitumgebung ruft die implementierten Java-Methoden in folgender Reihenfolge auf.

- Der Konstruktor der Klasse, welche das FREExtension-Interface implementiert.
- Die initialize()-Methode
- Die createContext()-Methode

(vgl. [AIR Native Extension 2013] Seite 35)

Im Code-Anhang findet sich das Beispiel „Extension.java" für eine native Erweiterung in Java.
In diesem Beispiel müssen zunächst die von der Klasse verwendeten Ressourcen importiert werden. Diese finden sich im Flash Builder SDK-Ordner.
Die Klasse implementiert das FREExtension-Interface und die damit verbundenen Methoden:
Die Methode `createContext()` erwartet sich einen Parameter als String und gibt als Rückgabe-Wert ein Objekt des Typs FREContext zurück.
Diese Methode wird jedes Mal aufgerufen, wenn in ActionScript ein ExtensionContext erstellt wird.
In dem Beispiel wird nur ein Erweiterungs-Kontext erstellt. Es wird daher diese eine Referenz zu dem Erweiterungskontext als String gespeichert.
(vgl. [AIR Native Extension 2013] Seite 36)

In dieser Klasse wird ein Objekt des Typs ExtensionContext verwendet. Die Klasse ExtensionContext ist eine Erweiterung der Klasse FREContext-Klasse. Eine Erweiterung muss zumindest eine konkrete Implementierung der FREContext-Klasse enthalten.
(vgl. [AIR Native Extension 2013] Seite 36)

Die Klasse FREContext hat zwei abstrakte Methoden, welche implementiert werden müssen:

- `getFunctions()`: Diese Methode muss ein Map-Objekt zurück geben, welche von der AIR-Laufzeitumgebung durchsucht werden kann und eine Liste nativ implementierter Methoden enthält.

- `dispose()`: Diese Methode wird aufgerufen, wenn die Kontext-Ressourcen freigegeben werden können.

(vgl. [AIR Native Extension 2013] Seite 36)

Das im Code-Anhang beigefügte Beispiel „ExtensionContext.java" zeigt die Implementierung der FREContext-Klasse in Java.

In dem Beispiel werden zunächst die notwendigen Ressourcen importiert. Die Klasse ist eine Erweiterung der FREContext-Klasse. Es werden die abstrakten Methoden überschrieben und implementiert.

Die Erweiterungskontext-Klasse stellt eine nativ implementierte Funktion zur Verfügung, nämlich die UsefulFunction().
Diese native Funktionalität wird als Objekt einer Klasse zur Verfügung gestellt und in die Map der Funktionen inkludiert.
(vgl. [AIR Native Extension 2013] Seite 37)

Die AIR-Laufzeitumgebung verwendet das FREFunction-Interface, um nativ implementierte Methoden in Java auszuführen.

Bei der Implementierung des FREFunction-Interface muss die Methode call() überschrieben und nativ implementiert werden. Beim Aufruf der call()-Methode aus ActionScript wird ein Array an Argumenten an die native Methode übergeben. Diese Argumente stehen als FREObjekte im nativen Code zur Verfügung.

Die in Java nativ implementierte call()-Methode gibt als Rückgabewert ein Objekt des Typs FREObject zurück. Dieses Objekt steht anschließend in der Applikation als ActionScript-Objekt zur Verfügung.

(vgl. [AIR Native Extension 2013] Seite 38)

Beispiel „UsefulFunction.java", welches im Code-Anhang zu finden ist, wird das FREFunction-Interface implementiert. Die implementierte Funktion erwartet einen Boolean als Argument und gibt diesen als umgekehrten Wert zurück.

In dem nachfolgenden ActionScript-Code werden die oben genannten nativen Java Beispiel-Klassen verwendet.

```
package com.example
{
      import flash.external.ExtensionContext;
      public class ExampleExtension
      {
            private const extensionID:String = "com.example.Extension";
            private var extensionContext:ExtensionContext;
            public function ExampleExtension()
            {
                  extensionContext =
ExtensionContext.createExtensionContext( extensionID, null );
            }
            public function usefulFunction( value:Boolean ):Boolean
            {
                  var retValue:Boolean = false;
                  retValue = extensionContext.call(
"usefulFunctionKey", value );
                  return retValue;
            }
      }
}
```

Codebeispiel 11: Verwendung der Java-Klassen in AS

Die ActionScript Erweiterung verwendet die native Java-Erweiterung. Diese ANE stellt die Funktionalität der zuvor im Beispiel nativ implementierten Boolean-Invers-Funktion zur Verfügung. Über die Methode `call()` wird die in Java implementierte Methode ausgeführt.

In dem nachfolgenden ActionScript-Code wird die ANE-Erweiterung verwendet.

```
var exampleExtension:ExampleExtension = new ExampleExtension();
var input:Boolean = true;
var untrue:Boolean = exampleExtension.usefulFunction( input );
```

Codebeispiel 12: verwendung der ANE in AS

In ActionScript wird zunächst ein Objekt der ExampleExtension erstellt. Anschließend wird die Funktion zur Boolean-Umkehr aufgerufen. Diese verwendet nun die in Java nativ implementierte Funktion und gibt als Rückgabewert den umgekehrten Boolean-Wert zurück.

4.4 FREObekt-Typen

Ein Objekt vom Typ FREObject ist die native Repräsentation eines Action-Script-Objektes. Um im nativen Code mit ActionScript-Daten arbeiten zu können, werden FREObjekte verwendet.

Vorwiegend werden Objekte dieses Datentyps in Funktionen als Parameter und Rückgabe-Werte verwendet.

(vgl. [AIR Native Extension 2013] Seite 23)

Um mit FREObjekten arbeiten zu können, werden nützliche Funktionen von der C API bereitgestellt. Um beispielsweise den genauen Objekt-Typ des FREObjekts feststellen zu können, kann die Funktion FREGetObjectType() verwendet werden.

(vgl. [AIR Native Extension 2013] Seite 23)

```
FREResult FREGetObjectType( FREObject object, FREObjectType *objectType );
```

Codebeispiel 13: feststellen des Objekt-Typs in C

Kennt man erst einmal den genauen Objekt-Typ, kann damit weitergearbeitet werden.

Um mit primitiven Datentypen in nativen Code umwandeln zu können, stehen folgende Funktionen zur Verfügung. Diese Funktionen wandeln die Action-Script-Datentypen in C-Datentypen um:

- FREGetObjectAsInt32()

  ```
  FREResult FREGetObjectAsInt32(FREObject object, int32_t *value);
  ```

- FREGetObjectAsDouble()

  ```
  FREResult FREGetObjectAsDouble(FREObject object, double *value);
  ```

- FREGetObjectAsBool()

  ```
  FREResult FREGetObjectAsBool (FREObject object, bool *value);
  ```

(vgl. [AIR Native Extension 2013] Seite 29)

Um native Datentypen aus C in ActionScript-Datentypen umwandeln zu können, werden die nachfolgenden Funktionen verwendet. Diese Funktionen erwarten als Parameter den C-Datentyp und einen Pointer zu einer Variablen, wo das ActionScript-Objekt hin gespeichert werden soll.

- FRENewObjectFromInt32()

  ```
  FREResult FRENewObjectFromInt32(int32_t value, FREObject *object);
  ```

- FRENewObjectFromDouble()

  ```
  FREResult FRENewObjectFromDouble(double value, FREObject *object);
  ```

- FRENewObjectFromBool(),

  ```
  FREResult FRENewObjectFromBool (bool value, FREObject *object);
  ```

(vgl. [AIR Native Extension 2013] Seite 29)

Um aus einem ActionScript-String-Objekt einen nativen String erzeugen zu können, wird die Funktion `FREGetObjectAsUTF8()` verwendet. Diese Funktion erwartet als Parameter:

- Das FREObjekt, welches als String umgewandelt werden soll.
- Die Länge des Strings in byte.
- Einen Pointer auf eine Variable, in welche das String-Objekt gespeichert werden soll.

(vgl. [AIR Native Extension 2013] Seite 29)

Um den umgekehrten Weg, also aus einem nativen String ein ActionScript-Objekt erzeugen zu können, wird die Funktion `FRENewObjectFromUTF8()` verwendet. Diese Funktion erwartet sich wieder folgende Parameter:

- Die Länge des String in Byte, inklusive Null-Terminator.
- Einen Pointer auf die String-Variable, welche als ActionScript-String gespeichert werden soll. Dieser muss in UTF-8 kodiert sein und den Null-Terminator enthalten.
- Einen Pointer auf eine FREObject-Variable, in welche das Ergebnis gespeichert werden soll.

(vgl. [AIR Native Extension 2013] Seite 29)

Im nativen Code kann ein Input-Parameter einer Funktion ein Objekt ein ActionScript-Klasse repräsentieren. Um mit diesem Objekt nun nativ arbeiten zu können, werden folgende Funktionen zur Verfügung gestellt:

Um einzelne Eigenschaften des ActionScript-Objekts nativ auslesen zu können, wird die Funktion `FREGetObjectProperty`() verwendet. Diese Funktion erwartet folgende Parameter:

- Das FREObjekt, von welchem die Eigenschaften ausgelesen werden sollen.
- Eine String-Referenz auf den Namen der Eigenschaft, welcher ausgelesen werden soll als.
- Einen Pointer auf eine Variable, in welche das Ergebnis gespeichert werden soll.
- Einen Pointer auf eine Variable, in welche ein auftretender Fehler gespeichert werden soll.

(vgl. [AIR Native Extension 2013] Seite 30)

Um einzelne Eigenschaften des übergebenen ActionScript-Objekts nativ bearbeiten oder verändern zu können, wird die Funktion `FRESetObjectProperty`() verwendet. Diese Erwartet sich wieder folgende Eigenschaften:

- Das FREObject, von welchem die Eigenschaften bearbeitet werden sollen.
- Eine Referenz auf einen String, welcher den Namen der zu verändernden Eigenschaft enthält.
- Ein FREObject, welches dem neuen Wert der Eigenschaft entspricht.
- Einen Pointer auf eine Variable, in welche ein auftretender Fehler gespeichert werden soll.

(vgl. [AIR Native Extension 2013] Seite 30)

Es können auch Funktionen des übergebenen ActionScript-Objektes nativ aufgerufen werden. Dazu wird die Funktion FRECallObjectMethod() verwendet. Diese Funktion erwartet folgende Parameter:

- Das FREObject, von welchem die Funktion aufgerufen werden soll.
- Einen Pointer, in welchem der Funktionsname als String zu finden ist.
- Die Anzahl der übergebenen Parameter an die Funktion.
- Ein Array mit FREObjecten als Parameter für die aufzurufende Funktion.
- Einen Pointer auf eine FREObject-Variable, in welcher das Ergebnis gespeichert werden soll.
- Einen Pointer auf eine Variable, in welche ein auftretender Fehler gespeichert werden soll.

(vgl. [AIR Native Extension 2013] Seite 30)

Es stehen noch eine Reihe weiterer nützlicher Funktionen zur Manipulation von ActionScript-Objekt in nativem Code zur Verfügung. An dieser Stelle möchte ich jedoch an die Quell-Literatur verweisen. Hier finden sich weitere Funktionen und Beispiele.

4.5   Descriptor-File

Jede native Erweiterung braucht ein Extension-Descriptor-File. Diese XML-Datei enthält Informationen über die Erweiterung.
(vgl. [AIR Native Extension 2013] Seite 46)

Anhand des nachfolgenden Beispiels werden die Bestandteile des Extension-Descriptor-Files erklärt.

```
<extension xmlns="http://ns.adobe.com/air/extension/2.5">
    <id>...</id>
    <versionNumber>...</versionNumber>
    <name>
        <text xml:lang="language_code">...</text>
    </name>
    <description>
        <text xml:lang="language_code">...</text>
    </description>
    <platforms>
        <platform name="device">
            <applicationDeployment>
                <nativeLibrary>...</nativeLibrary>
                <initializer>...</initializer>
                <finalizer>...</finalizer>
            </applicationDeployment>
        </platform>
            <platform name="device">
                <deviceDeployment/>
                <platform name="default">
                <applicationDeployment/>
    </platforms>
</extension>
```

Codebeispiel 14: generischer Aufbau des Descriptor-Files

Die Erweiterungs-ID muss denselben Wert haben, wie im ActionScript-Teil der Aufruf der Methode `CreateExtensionContext()`. Eine AS-Anwendung, welche diese ANE verwendet, muss in der –app.xml-Datei unter extensionID diesen ID-Wert haben.
(vgl. [AIR Native Extension 2013] Seite 46)

Die Versions-Nummer weist die aktuelle Version dieser Erweiterung aus. Dieses Feld ist wichtig, um Rückwärtskompatibilität zu gewährleisten.
(vgl. [AIR Native Extension 2013] Seite 46)

Im Plattforms-Element wird pro Plattform ein eigenes Element angelegt. Im Name-Attribut wird der Name der Ziel-Plattform angegeben. Im Element AppliactionDeployment werden die nativen Informationen angegeben. Hier muss der Name des nativen Files, der Name der `Initializer()`-Methode und der Name der `Finalizer()`-Methode gespeichert werden. (vgl. [AIR Native Extension 2013] Seite 46)

4.6 Verpacken der ANE

Um die native Erweiterung portabler zu machen, werden alle Bestandteile in eine ANE-Datei verpackt.
ANE-Dateien können dann einfach bei Applikationen zum Anwendungs-Pfad hinzugefügt und verwendet werden.
(vgl. [AIR Native Extension 2013] Seite 44)

Um nun eine ANE-Datei zu erstellen, sind folgende Schritte durchzuführen:

- Aus dem ActionScript Bibliotheks-Projekt ist eine SWC-Datei zu erstellen.
- Die nativen Bibliotheken müssen kompiliert werden. Es muss eine native Implementierung pro Ziel-Plattform vorliegen.
- Ein signiertes Zertifikat ist für die Erweiterung kann eingebunden werden.
- Ein Extension-Descriptor-File muss erstellt werden.
- Mittels ADT können die vorliegenden Dateien in eine ANE-Datei verpackt werden.

(vgl. [AIR Native Extension 2013] Seite 44)

Mit Adobe Air Flash Builder können Flex Bibliotheks-Projekte erstellt werden. Hier ist wichtig, dass die AIR-Bibliotheken in das Projekt inkludiert werden. Außerdem muss die SWC-Datei in dem richtigen SWF-Format kompiliert werden.
(vgl. [AIR Native Extension 2013] Seite 44)

Die folgende Tabelle zeigt, welche SWF-Datei für welche AIR-Version kompiliert werden muss:

SWF-Version	AIR-Version
SWF11	AIR 2.7
SWF13	AIR 3
SWF14	AIR 3.1

Tabelle 5: SWF-Version und AIR-Version

(vgl. [AIR Native Extension 2013] Seite 44)

Wie diese SWF-Version geändert werden kann, wird im Praxis- Kapitel näher erläutert.

Um eine ANE-Datei erstellen zu können werden sowohl eine SWC-Datei, als auch eine SWF-Datei benötigt. Diese SWF-Datei kann aus dem SWC-File extrahiert werden.
Die SWC-Datei enthält die Definitionen der Klassen. Die library.swf-Datei enthält die Implementierungen für die verschiedenen Plattformen.
Werden für unterschiedliche Plattformen unterschiedliche ActionScript-Implementierungen getroffen, so muss für jede Plattform eine eigene SWC-Datei erstellt und daraus die SWF-Datei extrahiert werden.
Um eine ANE für mehrere Plattformen zu erstellen, wird für jede Plattform eine eigene Library.swf-Datei erwartet.
(vgl. [AIR Native Extension 2013] Seite 45)

Als Best Practice sollten die ActionScript-Implementierungen jedoch dieselben Interfaces haben. Es kann nämlich nur eine SWC-Datei pro ANE-Datei gepackt werden.
(vgl. [AIR Native Extension 2013] Seite 44)

Im Flash-Builder unter den Einstellungen für die Veröffentlichung lassen sich auch Zertifikate erstellen.

Um nun die nativen Bibliotheken für die Erweiterung zu erzeugen empfiehlt es sich, die für die Ziel-Plattform angebotenen Entwicklungs-Werkzeuge zu verwenden.

- Für Android kann das Android Plug-In für die Eclipse Entwicklungs-umgebung verwendet werden.
- Für iOS und Mac kann Apples Xcode IDE verwendet werden.
- Für Windows kann Microsoft Visual Studio verwendet werden.

(vgl. [AIR Native Extension 2013] Seite 44)

Mit diesen Tools muss eine native Bibliothek erstellt werden, keine echte Anwendung. Diese native Bibliothek wird dann in die ANE-Datei gepackt.

Bei Android-Geräten muss die native Bibliothek als .jar-Datei vorliegen. Nähere Details zur Erstellung einer ANE für Android finden sich im entsprechenden Praxis-Beispiel.

Für iOS muss eine .a-Datei erstellt werden.

Für Windows muss eine entsprechende .dll-Datei erstellt werden. Hierbei muss die im SDK- Ordner Bereitgestellte FlashExtensions.lib-Datei im Projekt eingebunden werden.

(vgl. [AIR Native Extension 2013] Seite 44)

Nähere Details zur Entwicklung einer ANE für Windows finden sich im entsprechenden Praxis-Beispiel.

Eine ANE-Datei ist ein Archiv, welches die folgenden Dateien enthält:

- Die ActionScript-Bibliothek
- Die nativen Code-Bibliotheken
- Das descriptor.xml-File
- Das Erweiterungs-Zertifikat
- Von der Erweiterung verwendete Ressourcen wie Bilder.

(vgl. [AIR Native Extension 2013] Seite 51)

Um diese Dateien in eine ANE zu packen, wird das Tool ADT verwendet. ADT ist ein Kommandozeilen-Programm. In dem nachfolgenden Beispiel wird die Verwendung von ADT näher erläutert:

```
adt -package <signing options> -target ane MyExtension.ane MyExt.xml -swc
MyExtension.swc -platform Android-ARM -C platform/Android . -platform iPho-
ne-ARM -platformoptions platform.xml abc/x.framework lib.o -C platform/ios .
-platform iPhone-x86 -C platform/iosSimulator -platform default -C plat-
form/default library.swf
```
(vgl. [AIR Native Extension 2013] Seite 51)

<signing options>
Die ANE-Datei kann signiert werden. Dieser Schritt ist allerdings optional.
(vgl. [AIR Native Extension 2013] Seite 51)

Mit der –target Option wird der Ziel-Typ angegeben. Hier ist „ane" an-zugeben. Daran angeschlossen wird der Name der Datei angegeben, die er-zeugt werden soll.
(vgl. [AIR Native Extension 2013] Seite 51)

Danach wird der Name des Descriptor-Files angegeben. In diesem Beispiel wurde das Descriptor- File mit MyExt.xml benannt.
(vgl. [AIR Native Extension 2013] Seite 51)

Anschließend wird der Name der SWC-Datei angegeben. Die SWC-Datei enthält die ActionScript-Seite der zu erstellenden ANE.
(vgl. [AIR Native Extension 2013] Seite 51)

Mit –platform wird der Name der Plattform angegeben, welche durch die zu erstellende ANE unterstützt wird. Anschließend wird angegeben, wo die native Implementierung zu finden ist.
Die Option –c in diesem Beispiel bedeutet, das relative Verzeichnis platform/Android soll als neues Arbeitsverzeichnis verwendet werden.
In diesem Beispiel liegen alle relevanten Dateien für Android in diesem Verzeichnis.
(vgl. [AIR Native Extension 2013] Seite 51)

Die Option –platformoptions ist eine optionale Anweisung, mit welcher Plattformspezifische Details angegeben werden können. Damit kann zum Beispiel ein Link zu iOS-Spezifischen Bibliotheken erstellt werden.
(vgl. [AIR Native Extension 2013] Seite 51)

Mit -platform default -C platform/default library.swf wird eine Standard-Implementierung für Plattformen angegeben, welche nicht explizit im Descriptor-File definiert sind.
Hier darf keine native Bibliothek angegeben werden. Es wird abschließend der Name des .swf-Files angegeben.
(vgl. [AIR Native Extension 2013] Seite 51)

Nachdem das Programm ADT korrekt gestartet wurde, wird eine entsprechende ANE-Datei erzeugt.

4.7 Vergleich zu Java Native Interface

In diesem Kapitel wird ein Vergleich zu native Erweiterungen bei anderen Laufzeitumgebungen gezogen. Als Vergleichs-Umgebung wird die Java Laufzeitumgebung verwendet. Die Java Laufzeitumgebung kann mittels Java Native Interfaces erweitert werden.

4.7.1 Entwicklungsschritte für Java Native Interface

In einer geeigneten Entwicklungsumgebung wird zunächst ein neues Java-Projekt erstellt. In diesem Projekt wird eine neue Java-Klasse erstellt, welche die nativen Methoden verwendet.
In dieser Klasse wird die native Bibliothek geladen. Dazu muss der Name der nativen .dll-Datei als String übergeben werden.
(vgl. [Büchner 2010])

```
static{
    System.loadLibrary("JNIExampleLibrary");
}
```

Codebeispiel 15: laden der nativen Bibliothek in Java

Um eine native Methode in Java bereitzustellen, muss diese mit dem Schlüsselwort „native" gekennzeichnet werden.
(vgl. [Büchner 2010])

```
public native void callJavaMethod();
```
Codebeispiel 16: Aufruf einer nativ implementierten Methode

In einem nächsten Schritt muss nun die native Bibliothek erstellt werden. Unter Windows ist hier die Verwendung von VisualStudio zweckmäßig.

Zunächst wird ein leeres .dll-Projekt erstellt. Anschließend wird eine neue C++-Datei erstellt.

Im Java SDK werden Dateien bereitgestellt, welche für die Erstellung der nativen Methoden in C++ erforderlich sind. Diese befinden sich beispielsweise im Ordner C:\Program Files\Java\jdk1.7.0_13\bin.
(vgl. [Büchner 2010])

Das Programm javah wird verwendet, um ein Header-File mit der passenden Methoden-Signatur zu erstellen. Javah kann beispielsweise in Eclipse als zusätzliches Programm definiert werden, welches beim Ausführen in Eclipse gestartet wird. Über den Parameter –d kann der Ziel-Pfad angegeben werden, wohin das fertige Header-File gespeichert werden soll. Hier empfiehlt es sich, den Speicherort des nativen Bibliotheks-Projektes zu verwenden. Über den Parameter –jni wird angegeben, für welche Klasse die Methoden-Signatur erstellt werden soll.
(vgl. [Büchner 2010])

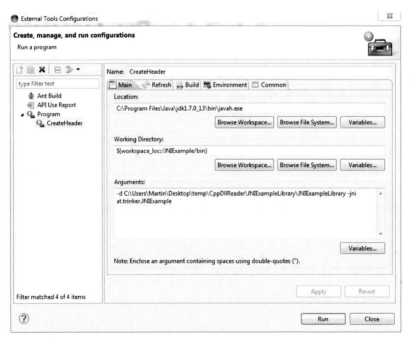

Abbildung 9: Konfiguration von javah.exe in Eclipse

Außerdem müssen dem VisualStudio-Projekt die Pfade `C:\Program Fi-les\Java\jdk1.7.0_13\include\` und `C:\Program Fi-les\Java\jdk1.7.0_13\include\win32` hinzugefügt werden. Darin befinden sich für die Dll-Erstellung notwendige Dateien.

(vgl. [Büchner 2010])

```
/*
 * Class:     at_trinker_JNIExample
 * Method:    callJavaMethod
 * Signature: ()V
 */
JNIEXPORT void JNICALL Java_at_trinker_JNIExample_callJavaMethod
  (JNIEnv *, jobject);
```

Codebeispiel 17: über javah.exe erstelltes Header-File

Anschließend wird die Methode im C++-File ausprogrammiert.

```
JNIEXPORT void JNICALL Java_at_trinker_JNIExample_callJavaMethod (JNIEnv *
env, jobject obj) {
jclass jniExampleCls = env->GetObjectClass(obj);

jmethodID mid = env->GetMethodID(jniExampleCls, "printSomething", "()V");

env->CallVoidMethod(obj, mid);
}
```

Codebeispiel 18: ausprogrammierte C++-Methode

Ziel dieser Methode soll es sein, die in der Java-Klasse implementierte Methode printSomething() aufzurufen und auszuführen. Der nativen Methode wird ein Pointer auf die Laufzeitumgebung mitgegeben. Außerdem wird der nativen Methode das aufrufende Objekt übergeben. Mit diesem Objekt erfolgt anschließend der Aufruf der in Java implementierten Methode.

Abschließend muss das die .dll-Datei noch erstellt werden. Hierbei ist zu beachten, dass die Datei exakt dem String-Parameter entsprechen muss, welcher in der LoadLibrary()-Methode angegeben wurde.

Des Weiteren ist darauf zu achten, dass bei einer 64bit Java-Laufzeitumgebung auch die .DLL-Datei für 64bit Betriebssysteme kompiliert werden muss.
(vgl. [Büchner 2010])

Dem Java-Programm muss noch mitgeteilt werden, in welchem Verzeichnis sich die .dll-Datei befindet. Dazu empfiehlt es sich in Eclipse, bei den Run-Configurations die Pfad-Variable um das Verzeichnis zu erweitern, in welchem sich die fertige .dll-Datei befindet.
Das Programm lässt sich nun kompilieren und ausführen. Bei der Ausführung des Programms wird zunächst die Methode callJavaMethod() aufgerufen. Diese Methode ist nativ in der .dll-Datei implementiert. Die native Methode ruft wieder um die in Java implementierte Methode printSomething() auf und gibt den Output auf der Konsole aus.
(vgl. [Büchner 2010])

Um die erstellte native Erweiterung bei anderen Projekten verwenden zu können, sind nachfolgende Schritte erforderlich.

Aus dem Projekt wird die Main-Methode entfernt. Das erstellte JNIExample-Projekt wird anschließend als .jar-Datei exportiert. Diese Datei wird anschließend dem neuen Projekt hinzugefügt und wieder verwendet.
(vgl. [Büchner 2010])

Es wird ein neues Java-Projekt erstellt, welches die zuvor erstellte native Erweiterung verwenden soll. Hierzu wird beim neu erstellten Projekt die zuvor erstellte .jar-Datei in de referenzierten Bibliotheken hinzugefügt.
Des Weiteren muss die native .dll-Datei im Wurzel-Verzeichnis des Projekts hinzugefügt werden. Alternativ kann auch über Änderung der Pfad-Variable der Pfad zur .dll-Datei angegeben werden.
(vgl. [Büchner 2010])

4.7.2 Vergleich von ANE und JNI

In diesem Kapitel werden die nativen Erweiterungen für Adobe AIR und Java verglichen.

Beiden Varianten gemein ist, dass zunächst Methoden definiert werden, welche anschließend nativ implementiert werden. Hier ist die Vorgehensweise bei beiden Umgebungen ähnlich. Es wird die Bibliothek angegeben, welche die nativ implementierten Methoden enthält. Diese Datei wird dann geladen und die entsprechende native Methode wird ausgeführt.

Bei der nativen Implementierung der Methoden zeigt sich in Java eine unkomplizierte Vorgehensweise als dies bei AIR der Fall ist. Die Tools, wie javah und javap sind bei der Erstellung der Methoden-Signaturen sehr hilfreich und erleichtern die Implementierung ungemein.

In AIR ist bei der nativen Implementierung ein höherer Arbeitsaufwand erforderlich. Es müssen zunächst initializer- und finalizer- Methoden erstellt werden, welche beim Aufruf der nativen Erweiterung ausgeführt werden. Erst darin kann dann ein Verweis auf die nativ implementierten Methoden erfolgen. Hat man dieses Grundgerüst aber erstellt, ist die native Programmierung der Methoden einfacher. Es bedarf hier keiner zusätzlichen Tools, um Signaturen für Methoden zu erstellen.

Vergleicht man den Funktionsumfang, welcher bei beiden Methoden zur Verfügung steht, ist kaum ein Unterschied erkennbar. Beide Varianten unterstützen den Aufruf nativer Funktionen und die Übergabe von Parametern und Objekten zwischen der Laufzeitumgebung und der nativen Implementierung.

Allerdings besteht im nativen Teil der ANE für Entwickler die Möglichkeit, aufgrund des übergebenen Erweiterungs-Kontexts, Varianten im nativen Code zu Implementieren. Dies erlaubt Entwicklern mehr Möglichkeiten in der Programmierung und höhere Flexibilität.

Ein klarer Vorteil von ANE ist die einfache Portierbarkeit und Wiederverwendbarkeit. ANE-Pakete enthalten sämtliche notwendige Ressourcen und können daher einfach weitergegeben und verwendet werden. Diese Tatsache ist sicherlich auch mit Grund, warum sich für ANE-Dateien ein regelrechter Markt gebildet hat.

In Java können Grundsätzlich native Erweiterungen ebenfalls in ein .jar-File verpackt und weitergegeben werden. Allerdings müssen die nativen Bibliotheken vor der Verwendung erst auf dem Ziel-System entpackt werden, bevor das Programm ausgeführt werden kann. Dieses Entpacken der nativen Bibliothek kann grundsätzlich auch über Code ausgeführt werden. Es bedarf aber zusätzlichen Aufwand und wird nicht so ideal unterstützt, wie das bei ANE-Dateien der Fall ist.

Des Weiteren lassen sich bei ANE-Dateien native Implementierungen für mehrere Plattformen bequem einbinden. In Java ist dies grundsätzlich auch möglich. Es bedarf hier aber eines höheren Programmieraufwandes, um die unterschiedlichen nativen Bibliotheken für die jeweiligen Betriebssysteme zu laden. Außerdem ist, wie zuvor erwähnt, eine Installation der nativen Bibliothek am Ziel-System erforderlich.

Ein Nachteil bei der Erstellung der ANE-Dateien ist allerdings der höhere Arbeitsaufwand und eine damit Verbundene größer Wahrscheinlichkeit, Fehler einzubauen. Es muss zunächst ein nativer Erweiterungskontext angegeben werden. Dieser muss mit der Bezeichnung im Descriptor-File übereinstimmen. Außerdem müssen die Initializer und Finalizer-Methoden den Bezeichnungen im Descriptor-File entsprechen. Weiters muss zum Verpacken der

ANE-Datei ein Commandline-Tool verwendet werden, welches aufgrund der langen übergebenen Parameter-Listen schwierig zu bedienen ist.

Ein Vorteil in Java ist sicherlich, dass nur eine native Erweiterung, nämlich die Erweiterung in C unterstützt werden muss. Will man eine native Erweiterung für Java erstellen, ist also fundiertes Wissen in Java und in C erforderlich. Um Erweiterungen für AIR erstellen zu können, sind fundierte Kenntnisse in ActionScript, C und Java erforderlich. Da es sich bei der Erstellung von nativen Erweiterungen um nicht triviale Programmieraufgaben handelt, sind für die Erstellung einer ANE-Datei in C und in Java umfassende Kenntnisse erforderlich.

Zusammenfassend lässt sich sagen, dass native Erweiterungen für beide Laufzeitumgebungen erstellt werden können.
In Java wird ein eher geradlinigerer Ansatz gewählt, um native Erweiterungen in C zu erstellen. Im JDK werden Tools bereitgestellt, welche die Erstellung der nativen Methoden unterstützen.
Bei der Erstellung von ANE-Dateien ist hingegen ein Umfangreicheres Vorgehen erforderlich. Es müssen mehrere Dateien erstellt und zusammengesammelt werden, ehe eine ANE-Datei verpackt werden kann. Der Entwicklungsprozess erscheint an manchen Stellen etwas holprig. Allerdings lassen sich fertige ANE-Dateien einfach verwenden. Die Funktionalität der AIR-Anwendungen lässt sich so sehr leicht erweitern.

5 Praxis-Beispiele

In diesem Kapitel werden die Implementierungen für die unterschiedlichen Plattformen beispielhaft erläutert. Ausführlicher wird die Entwicklung einer Adobe Native Extension in Windows beschrieben.

5.1 ANE für Windows

In diesem Kapitel wird beispielhaft erklärt, wie eine native Erweiterung für die Adobe Laufzeitumgebung unter Windows erstellt werden kann. Als Beispiel soll eine Erweiterung erstellt werden, welche einen nativ programmierten Text an die AIR-Anwendung zurückgibt.

5.1.1 Die C-Implementierung

Zunächst wird die native Erweiterung für Windows erstellt. Diese muss zwingend in C programmiert werden. Zur Erstellung der nativen Code-Bibliothek wird VisualStudio 2012 verwendet.

Zu Beginn wird eine neue Konsolen-Anwendung erstellt.

Dieser Konsolenanwendung werden folgenden Ressourcen hinzugefügt:
Unter `C:\Program Files (x86)\Adobe\Adobe Flash Builder 4.6\sdks\4.6.0\include` befindet sich die Datei `FlashRuntimeExtensions.h`
Diese Datei muss dem neu erstellen Projekt hinzugefügt werden. Am besten, man Kopiert sich diese Datei in das Verzeichnis des Projekts.

Unter `C:\Program Files (x86)\Adobe\Adobe Flash Builder 4.6\sdks\4.6.0\lib\win` befindet sich die Datei FlashRuntimeExtensions.lib. Diese Datei muss ebenfalls dem neue erstellen Projekt hinzugefügt werden.
Am besten wird diese Datei ebenfalls in das Projekt-Verzeichnis kopiert.

Nachdem die benötigten Ressourcen hinzugefügt wurden, wird ein neues HearderFile erstellt.

Dieses Headerfile muss die initializer- und Finalizer-Methoden exportieren.

Extern „C" bedeutet hier, dass der nachfolgende Code als C-Code zu interpretieren ist. Unser Projekt in VisualStudio ist nämlich ein C++ Projekt. Eine ANE unter Windows ist aber zwingend in C zu verfassen.

Mit __declspec(dllexport) void initializer () wird die Methode initializer() als .dll-Datei exportiert. Die Signatur der Methode muss hier zwingend den Vorgaben ensprechen.
Es muss eine Initializer und eine Finalize-Methode mit exakt dieser Signatur erstellt werden.

Anschließend wird eine neue Cpp-Datei hinzugefügt, in welcher die zuvor im Header-File angeführten Funktionen implementiert werden. Die Implementierung der Funktionen findet sich im Code-Anhang unter „Feig.cpp".

Die Initialize- und Finalize- Methode werden aufgerufen, wenn die Erweiterung geladen bzw entladen werden soll.

Wichtig ist an dieser Stelle anzuführen, dass in dem Beispiel das gesamte C++-File mit ex-tern C gekennzeichnet wird.

Anschließend werden die Methoden Contextinitializer und Contextfinalzer implementiert. Diese Methoden werden ausgeführt, wenn ein neuer Erweiterungs-Kontext erstellt wird.
Die Implementierung der Kontext-Initializer und Kontext-Finalizer-Methode ist im Code-Anhang unter „Feig.cpp" ersichtlich.

In der ContextInitializer-funktion werden die Funktionen definiert, welche nun in ActionScript zur Verfügung stehen sollen. Diese müssen in einem Array definiert werden.

Der ContextFinalizer wird ausgeführt, wenn der Erweiterungs-Kontext beendet wird. Hier können belegte Ressourcen wieder freigegeben werden.

Abschließend werden noch die Funktionen, welche in Flash zur Verfügung stehen sollen, nativ implementiert.

```
FREObject isSupported(FREContext ctx, void* funcData, uint32_t argc,
FREObject argv[])
{
  FREObject result;

  uint32_t isSupportedInThisOS = 1;

  FRENewObjectFromBool( isSupportedInThisOS,  &result);
  return result;
}
```

Codebeispiel 19: Beispiel-Implementierung einer nativen Funktion

Diese Funktionen haben als Rückgabe-Wert ein Objekt des Typs FREObject. Dieser Typ kann von Flash verwendet werden. Die Funktion getRfidData() gibt nun den nativen Text zurück, welcher anschließend in der Erweiterung zur Verfügung stehen soll.

Abschließend muss nun noch die .dll-Datei kompiliert werden.

5.1.2 Die ActionScript- Bibliothek

Im FlashBuilder wird ein neues Bibliotheks-Projekt in ActionScript angelegt.

Hier muss nach dem Anlegen die SWF-Version wie folgt eingetragen werden: In den Eigenschaften des Projekts unter den Flex-Bibliothek-Compiler-Einstellungen wird unter den zusätzlichen Compiler-Argumenten die –swf-Version auf 13 gesetzt werden.

Anschließend wird eine neue ActionScript-Klasse erstellt. Diese Klasse muss die Klasse EventDispatcher erweitern.

Im Konstruktor wird ein neues Objekt der Klasse ExtensionContext erzeugt.

Der String, welcher hier verwendet wird, muss derselbe sein, wie er später im Deskriptor File angegeben wird.

Dem ExtensionContext-Objekt stehen sodann die Funktionen der nativen Implementierung zur Verfügung. Diese müssen nun auch entsprechend in ActionScript implementiert werden:

Über die Methode call() können die nativen Methoden aufgerufen werden.

Um die Erweiterung zu beenden, muss die dispose() Funktion aufgerufen werden.

Durch Aufruf dieser Methode wird die native Erweiterung korrekt entladen.

5.1.3 Das Descriptor-File

Als nächsten Schritt ist ein Descriptor-File zu erstellen. Dies ist ein XML-File, welche die ANE grundsätzlich beschreibt. Dieses File ist in diesem Beispiel wie folgt aufgebaut:

```xml
<?xml version="1.0" encoding="UTF-8"?>
<extension xmlns="http://ns.adobe.com/air/extension/2.5">
      <id>at.trinker.feig.FeigANE</id>
      <versionNumber>1.0.0</versionNumber>
      <platforms>
            <platform name="Windows-x86">
                  <applicationDeployment>
                        <nativeLibrary>Feig.dll</nativeLibrary>
                        <initializer>initializer</initializer>
                        <finalizer>finalizer</finalizer>
                  </applicationDeployment>
            </platform>
      </platforms>
</extension>
```

Codebeispiel 20: Descriptor-File für Windows ANE

Unter id wird derselbe String angegeben, wie bei der Erstellung des Extensi-
onContext-Objekts.

Hier müssen der Name der nativen Code-Bibliothek und die initializer- und
finalizer- Methoden angegeben werden, welche beim Starten und Entladen
der Erweiterung aufgerufen werden.

5.1.4 Erstellen der ANE

Hat man nun eine native Implementierung in Form einer .dll-Datei, sowie eine
Bibliotheks-Datei und ein descriptor-File, kann die ANE-Datei erstellt werden.

Zuvor muss allerdings die Pfad-Variable des Systems angepasst werden.
Der Pfad-Variable muss folgender Pfad hinzugefügt werden:

```
C:\Program    Files    (x86)\Adobe\Adobe    Flash    Builder
4.6\sdks\4.6.0\bin
```

Danach sollte der Aufruf des Befehls adt in einem Kommando-Fenster wie-
folgt aussehen:

Es empfiehlt sich, für die Erstellung der ANE einen eigenen Ordner anzulegen, in welchem alle benötigten Einzelteile gesammelt werden.

Als nächstes wird aus dem Bibliotheks-Projekt die .swc-Datei in den ANE-Sammel-Folder kopiert. Diese .swc-Datei wird mit einem Zip, oder Winrar-Programm geöffnet. Darin befindet sich eine library.swf-Datei, welche extrahiert wird.

Anschließend müssen noch das Descriptor-File und die .dll-Datei in denselben Ordner kopiert werden.

Hat man alle Daten im selben Ordner, öffnet man ein Konsolenfenster und navigiert zum ANE-Sammel-Ordner. Befindet man sich im korrekten Ordner, wird folgender Befehl ausgeführt:

```
adt -package -target ane feig.ane descriptor.xml -swc FeigANE.swc  -platform
Windows-x86 library.swf Feig.dll
```

feig.ane steht hierbei für den Namen der zu erstellenden ANE.
Descriptor.xml ist der Name des descriptor-Files.
FeigANE.swc ist der Name der SWC-Datei.
Unter Platform wird die Ziel- Plattform, in diesem Fall Windows angegeben.
Danach wird der Namen des .swf- Files und der Namen des .dll-Files angegeben

Wurde der Befehl korrekt abgearbeitet, so erhält man als Ergebnis eine .ane Datei.

Diese ANE-Datei kann nun in einem anderen Flash-Projekt verwendet werden.

5.1.5 Verwenden der ANE

Um nun die erstelle ANE verwenden zu können, muss zunächst ein neues AIR-Projekt erstellt werden.

Hierbei ist zu beachten, dass eine Desktop-Anwendung erstellt werden muss. In diesem Wizard kann auch gleich die zu verwendenden Ane Eingebungen werden.

Zunächst muss die ANE korrekt importiert werden. Anschließend wird ein neues Objekt der Klasse erstellt:

```
import at.trinker.feig.code.FeigReader

public var reader:at.trinker.feig.code.FeigReader = new
at.trinker.feig.code.FeigReader();
```

Codebeispiel 21: importieren und erstellen des Objekts einer ANE

Danach kann das Objekt wie gewohnt verwendet werden:

Vor dem Beenden der Anwendung muss die Erweiterung noch korrekt entladen werden. Hierzu wird die Funktion appClosing() definiert. Diese Funktion wird aufgerufen, bevor die Anwendung tatsächlich beendet wird.

```
<s:WindowedApplication xmlns:fx="http://ns.adobe.com/mxml/2009"

xmlns:s="library://ns.adobe.com/flex/spark"

xmlns:mx="library://ns.adobe.com/flex/mx"
                                close="appClosing(event)">
```

Codebeispiel 22: Definition der appClosing()-Methode

Anschließend muss die appClosing()-Methode noch implementiert werden.

```
protected function appClosing(event:Event):void
{
        trace("ANE is unloading");
        reader.dispose();
}
```

Codebeispiel 23: Implementierung der appClosing()-Methode

In der `appClosing()`-Methode wird die Erweiterung durch Aufruf der `dispose()`-Funktion korrekt entladen.

5.2 ANE für Android

In diesem Kapitel wird beispielhaft erklärt, wie eine native Erweiterung für die Betriebssysteme Android erstellt werden kann. Die Erweiterung soll Anwendungen ermöglichen, die Lautstärke des Gerätes zu ändern.

Die Lautstärke soll sowohl über die Anwendung als auch über die Hardware-Tasten am Gerät geändert werden können. Android hat eine systemweit-gültige Lautstärkeneinstellung für Medien. AIR-Anwendungen haben einen eigenen Lautstärken-Wert.

Nun kann es zu folgendem Problem kommen:

Durch Drücken der Hardware-Tasten zur Lautstärken-Einstellung kann es passieren, dass der Lautstärkenwert in der Anwendung überschrieben wird. (vgl. [Weber 2012])

Dies kann dazu führen, dass die AIR-Anwendung volle Lautstärke anzeigt, wohingegen die System-Lautstärke allerdings auf lautlos gestellt ist. Es wird daher kein Ton abgespielt.

Um dieses Problem zu lösen, soll eine native Erweiterung für die Lautstär-ken-Einstellung erstellt werden. Diese Erweiterung muss folgende Methoden zur Verfügung stellen:

- Eine Methode, mit der über die AIR-Anwendung der Systemweite Lautstärken-Wert angegeben werden kann.

- Eine zweite Methode, mit welcher die AIR-Anwendung benachrichtigt wird, sobald der User die systemweite Lautstärke ändert. Dies kann über die Hardware-Tasten oder über eine andere Anwendung geän-dert werden.

(vgl. [Weber 2012])

Die ANE-Erweiterung in diesem Beispiel besteht also aus 3 teilen:

- Einer ActionScript-Bibliothek
- Einer Default-Implementierung in ActionScript
- Einer nativen Android Implementierung

Im Folgenden werden nun diese Teile genauer beschrieben.

5.2.1 Die ActionScript-Bibliothek

Als erstes wird ein Flash Bibliotheks-Projekt mit dem Flashbuilder erzeugt. Über Datei / Neu / FlexBibilotheks-Projekt kann ein neues Projekt angelegt werden.

In dem neuen Projekt wird eine neue Klasse angelegt, welche als Erweite-rungs-Kontroller agiert.

```
/**
 * Constructor.
 */
public function VolumeController( enforcer:SingletonEnforcer ) {
        super();

        extContext = ExtensionContext.createExtensionContext(
"net.digitalprimates.volume", "" );

        if ( !extContext ) {
               throw new Error( "Volume native extension is not supported
on this platform." );
        }

        extContext.addEventListener( StatusEvent.STATUS, onStatus );
}
```

Codebeispiel 24: Konstruktor des VolumeControllers

(vgl. [Weber 2012])

Im Konstruktor der Klasse wird auch gleich versucht, das ExtensionContext-Objekt zu erstellen. Anschließend wird geprüft, ob dieses Objekt nicht null ist. Wird die Ziel-Plattform von der Erweiterung nicht unterstützt, so ist das ExtensionContext-Objekt nicht verfügbar. In diesem Fall wird ein Fehler geworfen.

Im nächsten Schritt werden die zwei Methoden implementiert, welche durch die Erweiterung zur Verfügung gestellt werden sollen. Durch die Erweiterung soll eine init()-Methode und eine setVolume()-Methode bereitgestellt werden. Die init()-Methode startet den nativen Teil der Erweiterung.
Die setVolume()-Methode erwartet einen Wert zwischen 0 und 1 und setzt anschließend die Systemlautstärke auf den übergebenen Wert.

```
/**
 * Changes the device's system volume.
 *
 * @param newVolume The new system volume.  This value should be between
 0 and 1.
 */
public function setVolume( newVolume:Number ):void {
     if ( isNaN(newVolume) )  {
          newVolume = 1;
     }

     if ( newVolume < 0  ) {
          newVolume = 0;
     }

     if ( newVolume > 1  ) {
          newVolume = 1;
     }

     extContext.call( "setVolume", newVolume );

     systemVolume = newVolume;
}
```

Codebeispiel 25: setVolume()-Methode

(vgl. [Weber 2012])

Ebenso wird eine dispose()-Funktion implementiert.

Die Erweiterung soll später darauf reagieren können, wenn die System-Lautstärke über die Hardware-Tasten oder über eine andere Anwendung ge-ändert wird. Um diese Funktionalität zu erfüllen, wird auf das ExtensionContext-Objekt ein Event-Listener gelegt. Dieser EventListener wurde bereits im Code des Konstruktors hinzugefügt.

(vgl. [Weber 2012])

Nachdem die System-Lautstärke geändert wurde, wird ebenfalls ein Event ausgelöst, um die Anwendung über die Lautstärken-Änderung zu informieren.

Dazu wird ein eigener Event vom Typ VolumeEvent ausgelöst. In dem Event wird der Wert der neuen systemweiten Lautstärke gespeichert.
(vgl. [Weber 2012])

Die ausprogrammierte Event-Klasse befindet sich unter „VolumEvent.as" im Code-Anhang.

5.2.2 Descriptor-File

Im Descriptor-File wird angegeben, welche nativen Plattformen unterstützt werden und wo die nativen Code-Bibliotheken zu finden sind.

Besonders wichtig ist, das die <id> denselben Wert enthalten muss, wie er bei der createExtensionContext()-Methode angegeben wurde.

Im Platforms-Element werden die unterstützten Plattformen angeben. Pro Plattform wird angegeben, wo die native Bibliothek zu finden ist. Des Weiteren werden die Initializer- und Finalizer-Methoden angegeben.
(vgl. [Weber 2012])

```
<extension xmlns="http://ns.adobe.com/air/extension/3.1">
    <id>net.digitalprimates.volume</id>
    <versionNumber>0.0.1</versionNumber>
    <platforms>
        <platform name="Android-ARM">
            <applicationDeployment>
                <nativeLibrary>libAndroidVolumeLib.jar</nativeLibrary>

<initializer>net.digitalprimates.volume.VolumeExtension</initializer>
            </applicationDeployment>
        </platform>
        <platform name="default">
            <applicationDeployment/>
        </platform>
    </platforms>
</extension>
```

Codebeispiel 26: Volume-ANE Descriptor-File
(vgl. [Weber 2012])

Im Descriptor-File werden die von der Erweiterung unterstützten Plattformen angegeben. In diesem Beispiel wird die Plattform Android unterstützt. Ebenfalls wird eine Default Implementierung angegeben.

5.2.3 Default Implementierung

Die Standard-Implementierung wird auf all jenen Plattformen ausgeführt, welche nicht explizit im Descriptor-File angeführt sind.

Die Default-Implementierung ist im Wesentlichen eine Kopie der Action-Script-Seitigen Implementierung. Allerdings werden bei der Default- Implementierung alle externen Beziehungen entfernt.

(vgl. [Weber 2012])

Im Konstruktor wird bei der Default- Implementierung zum Beispiel kein ExtensionContext- Objekt erzeugt.

Auch in der `setVolume()`-Methode erfolgt kein Aufruf einer nativen Implementierung.

Die Default-Implementierung wird in diesem Beispiel nur erstellt, um die Erweiterung im FlashBuilder testen zu können. In der Default-Implementierung erfolgt keine Änderung der System-Lautstärke. Durch die Default-Implementierung kann aber zum Beispiel die Lautstärken-Änderung in einer Applikation über Display-Buttons getestet werden.

(vgl. [Weber 2012])

5.2.4 Die Android-Implementierung

Um die native Erweiterung für Android erstellen zu können, muss zunächst die nötige Infrastruktur geschaffen werden. Es muss als erstes das aktuelle Android SDK [7]installiert werden. Gearbeitet wird in diesem Beispiel mit der Entwicklungs-Umgebung von Eclipse[8]. Hierzu muss zunächst das erforderliche Plug-In für Eclipse [9]installiert werden, um Android-Anwendungen erstellen zu können.

Nachdem die Entwicklungsumgebung korrekt eingerichtet wurde, wird ein neues Android-Projekt erstellt. In dem Wizard muss die minimal unterstütze Android-Version festgelegt werden. Hier empfiehlt sich die Version 2.2, da dies die erste Version ist, ab der AIR auf Android unterstützt wird.

Nachdem das Projekt erstellt wurde, muss die AIR-SDK dem Projekt hinzugefügt werden. Hierzu sind folgende Schritte notwendig:

- Aufrufen der Projekt-Eigenschaften durch Rechts-Klick auf den Projektordner.
- Im Java-Build-Pfad wird bei den Bibliotheken nun die AIR-SDK-Bibliothek hinzugefügt. Über „Add External JARs" wird zur Air-SDK navigiert. Diese befindet sich in: `C:\Program Files (x86)\Adobe\Adobe Flash Builder 4.6\sdks\4.6.0\lib\android"`

(vgl. [Weber 2012])

Als nächstes wird eine neue Klasse erstellt. Diese muss das FREExtension-Interface implementieren. Der Paket-Name und der Klassen-Name müssen

---

[7] Android SDK kann unter folgendem Link gefunden werden:

http://developer.android.com/sdk/index.html

[8] Eclipse kann unter folgendem Link gefunden werden:

http://www.eclipse.org/downloads/

[9] Eine Anleitung für die Installation findet sich hier:

http://developer.android.com/sdk/installing/installing-adt.html

hier jenen Namen entsprechen, welche im Descriptor-File als Initializer an-gegeben wurden.

Die Klasse sollte folgende Methoden bieten:

- `createContext()`
- `dispose()`
- `initialize()`

Die Methode `createContext()` erwartet einen String-Parameter und gibt als Rückgabewert ein Objekt des Typs FREContext zurück. Der übergebene String Parameter ist jener Wert, welcher im ActionScript der Methode `ExtensionsionContext.createExtensionContext()` übergeben wurde.
(vgl. [Weber 2012])

Die `dispose()`-Methode wird zum Beenden der Erweiterung aufgerufen. Hier werden alle verwendeten Ressourcen wieder frei gegeben.
(vgl. [Weber 2012])

Die `initialize()`-Methode wird ausgeführt, sobald die native Erweiterung vollständig geladen wurde.
(vgl. [Weber 2012])

Als nächstes wird eine Klasse erstellt, welche die Klasse FREContext erwei-tert. Dies Klasse sollte eine `dispose()`-Funktion und eine `getFunctions()`-Methode bieten.

Die getFunctions()-Methode gibt eine Liste an Objekten des Typs FRE-Function zurück. Es sollte hier je ein Objekt des Typs FREFunction für jede Methode geben, welche aus ActionScript aufgerufen werden kann. Jede FREFunction wird mit einem String-Wert in Verbindung gesetzt. Dieser String-Wert entspricht dem Namen der Funktion.

(vgl. [Weber 2012])

Anschließend wird für jede Funktion, welche aus ActionScript heraus nativ aufgerufen werden soll, eine eigen Klasse erstellt. Diese Klasse muss die das Interface FREFunction implementieren. Die Klasse muss eine call()-Methode bereitstellen. Diese call()-Methode wird aufgerufen, wenn die Funktion ausgeführt werden soll. In dieser Methode werden alle nativen Funktionen implementiert.

Der call()-Methode wird ein Objekt des Typs FREContext übergeben. Außerdem wird ein Array von FREObject-Typen übergeben. Das FREContext-Objekt ist der Erweiterungs-Kontext, in welchem die Funktion ausgeführt werden soll. Die Liste an FREObjekten sind die Parameter, welche der Funktion aus ActionScript heraus übergeben wurden.

In der setVolume()-Funktion wird zunächst der Audio-Manager mithilfe des Erweiterungs-Kontexts aufgerufen. Anschließend wird aus den übergebenen Parametern versucht, einen Double-Wert zu lesen. Anschließend wird die Medien-Lautstärke auf den übergebenen Lautstärken-Wert gesetzt.

(vgl. [Weber 2012])

Des Weiteren wird eine Klasse für die Init()-Funktion erstellt. In dieser Funktion soll auf Lautstärken-Änderungen, welche durch Drücken der Hardware-Tasten passieren, reagiert werden.

(vgl. [Weber 2012])

In der init()-Funktion werden die nötigen Schritte unternommen, um Systemweite Lautstärken-Änderungen abzuhorchen, und diese an AIR-Anwendung weiterzugeben.
(vgl. [Weber 2012])

Die Abbildungen der Klassen für diese Erweiterung in Java finden sich im Code-Anhang.

5.2.5 Erstellen der ANE

Nachdem nun die nötigen Funktionen nativ implementiert wurden, kann die ANE-Datei verpackt werden.
Es empfiehlt sich hierzu, einen neuen Ordner anzulegen, und die Dateien in folgender Struktur abzulegen:

Abbildung 10 empfohlene Ordner-Struktur
(vgl. [Weber 2012])

Das swf-File befindet sich im swc-File. Um die swf-Datei zu bekommen, öffnet man die swc-Datei mit einem .zip-Programm und extrahiert die swf-Datei.
(vgl. [Weber 2012])

Anschließend öffnet man ein Kommandozeilen-Fenster und navigiert in den zuvor erstellten Ordner. Anschließend wird folgender Befehl abgesetzt:

```
adt -package -target ane Output.ane extension.xml -swc VolumeLib.swc
-platform Android-ARM -C android . -platform default -C default .
```
(vgl. [Weber 2012])

Der Befehl `-C android` bedeutet hier, dass alle Dateien, die sich im Unterordner android befinden, in die ANE inkludiert werden sollen.
(vgl. [Weber 2012])

Um die ANE-Datei mit einem Zertifikat zu signieren, fügt man folgenden Befehl direkt hinzu und ersetzt den Namen und das Passwort für das Zertifikat durch die korrekten Werte:
(vgl. [Weber 2012])

```
-storetype pkcs12 -keystore cert.p12 -storepass XXXX
```
(vgl. [Weber 2012])

Die ANE-Datei kann mit einem gültigen p12-Zertifikat signiert werden. Ein Zertifikat kann bei Bedarf mit FlashBuilder erstellt werden.
(vgl. [Weber 2012])

Wie die neu erstellte ANE in einer Anwendung verwendet werden kann, wurde bereits im Praxis-Beispiel „ANE für Windows" erläutert.

5.3   Eigene Erfahrungen

Bei der Entwicklung von nativen Erweiterungen handelt es sich meist um nicht triviale Programmieraufgaben. Bildlich gesprochen soll eine Brücke zwischen zwei Welten geschlagen werden. Dies erfordert fundierte Kenntnisse in beiden Bereichen.

Im Rahmen dieser Studie galt es, eine native Erweiterung für Adobe AIR zu erstellen, welche es erlaubt, einen RFID-Reader von Feig anzusprechen und in AIR-Applikationen zu nutzen.

Die notwendigen Schritte zur Erstellung einer ANE lassen sich gut Recherchieren. Es existieren mehrere Tutorial, wo die Erstellung einer ANE-Datei Schritt für Schritt erklärt wird.

Größere Probleme traten bei der nativen Implementierung auf. Es galt, den RFID-Reader unter Windows über C++, bzw. über C anzusprechen, und die Funktionalität entsprechend in AIR und ActionScript bereit zu stellen. Als größte Hindernisse zeigte sich hier vor allem die überaus komplexe Aufgabenstellung, eine Hardware-Komponente unter Windows in C++ anzusprechen und zu steuern.

Eine weitere Schwierigkeit bei diesem Projekt war, dass keine nativen Erweiterungen von AIR direkt zu .net erstellt werden können. Da in einem früheren Projekt bereits ein Socket für den RFID-Reader von Feig in .net erstellt wurde, wäre eine Einbindung dieses Programms in AIR über eine ANE zielführend gewesen.

Des Weiteren taten sich bei der Erstellung der nativen Erweiterung in C Schwierigkeiten auf, C++-Code in C-Code zu übertragen.

Zusammenfassend lässt sich festhalten, dass Grundsätzlich die Erstellung einer ANE-Datei eine lösbare Aufgabe darstellt. Die Implementierung der nativen Erweiterung in C stellt in meinem Fall allerdings ein Problem dar, welches mit keinem vernünftigen Zeitaufwand abgeschlossen werden konnte. Das Projekt kann aber dahingehend als Erfolg betrachtet werden, da ein großer Lernfortschritt zu verzeichnen ist und viel Erfahrung im Umgang mit unterschiedlichen Programmiersprachen und Entwicklungsumgebungen gewonnen werden konnte.

6 Resümee

In diesem Buch wurden die wesentlichen Schritte zur Erstellung von nativen Erweiterungen für die Adobe Integrated Runtime beschrieben. Es wurden des Weiteren die Grundlagen für Rich Internet Applikation und Laufzeitumgebungen erläutert. An geeigneten Stellen wurden Vergleiche zu anderen Laufzeitumgebungen und deren native Erweiterungsmöglichkeiten gezogen.

Generell bleibt festzuhalten, dass native Erweiterungen zwar den Funktionsumfang von Applikationen erhöhen. Dies passiert allerdings immer auf Kosten der Portabilität. Verwendet eine Applikation eine native Erweiterung, so kann diese Applikation nur mehr auf Systemen sinnvoll betrieben werden, wo native Erweiterung unterstützt wird.

Adobe hat das Konzept von nativen Erweiterungen für die AIR-Laufzeitumgebung vernünftig umgesetzt. ANE-Files lassen sich einfach in Applikationen integrieren und erhöhen so den Funktionsumfang. Der Entwicklungs-Prozess von ANE-Dateien erscheint aber an manchen Stellen etwas umständlich. Hier gibt es viele Schnittstellen, die exakt übereinstimmen müssen, da ansonsten die Erstellung des ANE-Pakets nicht funktioniert.

Im Vergleich mit nativen Erweiterungen bei anderen Laufzeitumgebungen glänzt ANE vor allem durch die einfache Portierbarkeit und Verwendbarkeit. Dies allerdings auf Kosten eines vergleichsweise komplizierten Entwicklungsprozesses.

Abschließend kann festgehalten werden, dass das Konzept der Adobe Native Extension gelungen ist und in der Welt der Software-Entwicklung durchwegs anerkannt ist. Jedoch gibt es durchaus noch Verbesserungspotential, vor allem im Entwicklungsprozess und in der Implementierung des nativen Bereichs.

7 Literaturverzeichnis

[3Scale 2011]

"What is an API" 3scale Networks S.L. 2011

http://www.3scale.net/wp-content/uploads/2012/06/What-is-an-API-1.0.pdf

[ActionScript 3 2011]

Adobe Systems, 2011, "Learning ACTIONSCRIPT® 3.0"

http://help.adobe.com/en_US/as3/learn/as3_learning.pdf

[Adobe Event Listener 2013]

Adobe Systems, "Event Listener", 2013

http://help.adobe.com/en_US/ActionScript/3.0_ProgrammingAS3/WS5b3ccc
516d4fbf351e63e3d118a9b90204-7e54.html

[Adobe SWC-File 2012]

Adobe Systems, "About SWC-Files", 2o12, in "UsingADOBE® FLEX® 4.6"

http://help.adobe.com/en_US/flex/using/WS2db454920e96a9e51e63e3d11c
0bf69084-7fd3.html

[Adobe Systems 2007]

"Feature Comparison: Adobe Flash® Lite™, Flash® Player and Flash® SDK
at a Glance", Adobe Systems Incorporated, 2007

http://www.adobe.com/mena_en/products/flashlite/version/flashlite_feature_c
omparison.pdf

[Adobe Vibrate Native Extension 2011]

Adobe, "Vibration native extension sample", 2011

http://www.adobe.com/devnet/air/native-extensions-for-
air/extensions/vibration.html

[ANE Example 2013]

Adobe Systems 2013, "Native Extensions for Adobe AIR"

http://www.adobe.com/devnet/air/native-extensions-for-air.html

[AIR-Laufzeitumgebung 2013]

Adobe Systems, "Building ADOBE ® AIR ® Applications", 2013

http://help.adobe.com/en_US/air/build/air_buildingapps.pdf

[AIR Native Extension 2013]

Adobe Systems, 2013, "Developing Native Extensions for ADOBE® AIR®"

http://help.adobe.com/en_US/air/extensions/air_extensions.pdf

[AIR-Profile 2o13]

Adobe Systems, "Device profiles", 2013, in "Building ADOBE ® AIR ® Applications"

http://help.adobe.com/en_US/air/build/WS144092a96ffef7cc16ddeea2126bb46b82f-8000.html

[Allain 2013]

A. Allain "Pointers in C++" 2013

http://www.cprogramming.com/tutorial/lesson6.html

[Allaire 2002]

Allaire J, "Macromedia Flash MX—A next-generation rich client", Macromedia White paper, 2002,

http://download.macromedia.com/pub/flash/whitepapers/richclient.pdf

[Apache Flex 2013]

Apache Software Foundation, 2013

http://flex.apache.org/about-whatis.html

[Büchner 2010]

Büchner M, „Video tutorial for JNI", 2010

http://codebazaar.blogspot.co.at/2010/08/package-codebazaar.html

[Chambers 2008]

Chambers M., Dura D., Georgita D., Hoyt K.: "Adobe® AIR™ for JavaScript
Developers Pocket Guide",O'Reilly Media, Kanda. 2008

[Janssen 2013]

C. Janssen „Android SDK" 2013

http://www.techopedia.com/definition/4220/android-sdk

[Koller 2008]

Koller A, Foster G, Wright M, „Java Micro Edition and Adobe Flash Lite for
Arcade-Style Mobile Phone Game Development: A Comparative Study",
2008, ACM

[Maćkowiak 2013]

Maćkowiak M, "Contact Editor", 2013

http://extensionsforair.com/extensions/contact-editor/

[milkmangames.com 2013]

Tools "RateBox Mobile Extension", 2013

http://www.milkmangames.com/blog/tools/

[Native Process 2013]

Adobe Systems, 2013, "NativeProcess - AS3"

http://help.adobe.com/en_US/FlashPlatform/reference/actionscript/3/flash/de
sktop/NativeProcess.html

[Rouse 2007]

Rouse M. "integrated development environment (IDE)", 2007

http://searchsoftwarequality.techtarget.com/definition/integrated-development-environment

[Rouse 2006]

Rouse M. „Definition native Code", 2006

http://searchsoa.techtarget.com/definition/native-code

[Weber 2012]

Weber N. "Building a native extension for iOS and Android", 2012

http://www.adobe.com/devnet/air/articles/building-ane-ios-android-pt1.html

[w3schools.com 2013]

"Introduction to XML" 2013

http://www.w3schools.com/xml/xml_whatis.asp

[Yaiser 2011]

Yaiser M. „Garbage collection internals for Flash Player and Adobe AIR" 2011

http://www.adobe.com/devnet/actionscript/learning/as3-fundamentals/garbage-collection.html

8 Code-Anhang

In Code-Anhang finden Sie alle Codes, auf welche in der Arbeit verwiesen wird, vollständig ausprogrammiert.

TVChannelController.as:

Auf nachfolgenden Code wird im Kapitel „Die Programmierung in Action-Script" referenziert.

```
package com.example {
      import flash.events.Event;
      import flash.events.EventDispatcher;
      import flash.events.StatusEvent;
      import flash.external.ExtensionContext;
      import flash.filesystem.File;

      public class TVChannelController extends EventDispatcher {

            private var extContext:ExtensionContext;
            private var channel:int;

            public function TVChannelController() {
                  extContext = ExtensionContext.createExtensionContext(
                        "com.example.TVControllerExtension", "channel");
                  extContext.addEventListener(StatusEvent.STATUS,
onStatus);
            }


            public function set currentChannel(channelToSet:int):void {
                  extContext.call("setDeviceChannel", channelToSet);
            }

            public function get currentChannel():int {
                  channel = int (extContext.call("getDeviceChannel"));
                  return channel;
            }

            public function scanChannels():void {
                  extContext.call("scanDeviceChannels");
            }

            private var scannedChannelList:Vector.<int>;
```

```
            private function onStatus(event:StatusEvent):void {
                if ((event.level == "status") && (event.code ==
"scanCompleted")) {
                    scannedChannelList = (Vector.<int>)
(extContext.call ("getDeviceChannels"));
                    dispatchEvent (new Event ("scanCompleted") );
                }
            }

            public function dispose (): void {
                extContext.dispose();
                // Hier können auch andere verwendete Ressourcen
wieder freigegeben warden.
            }

            var extDir:File =
ExtensionContext.getExtensionDirectory("com.example.TVControllerExtension
");
        }
}
```

Die oben beschriebene AS-Klasse kann wie folgt verwendet werden:

```
var channelController:TVChannelController = new TVChannelController();
channelController.addEventListener("scanCompleted", onChannelsScanned);
channelController.scanChannels();
var channelList:Vector.<int>;


private function onChannelsScanned(evt:Event):void {
    if (evt.type == "scanCompleted") {
        channelList = channelController.scanChannels();}
}
```

Beispiel.cpp

Auf den folgenden Code wird im Kapitel „Die Programmierung in C" verwiesen:

```cpp
void MyExtensionInitializer
(void** extDataToSet, FREContextInitializer* ctxInitializerToSet,
FREContextFinalizer* ctxFinalizerToSet)
{
        extDataToSet = NULL; //es werden keine Daten in diesem Beispiel gesetzt
        *ctxInitializerToSet = &MyContextInitializer;
        *ctxFinalizerToSet = &MyContextFinalizer;
}


void ContextInitializer(void* extData, const uint8_t* ctxType, FREContext
ctx,
uint32_t* numFunctionsToSet, const FRENamedFunction** functionsToSet)
{
        *numFunctionsToSet = 2;
        FRENamedFunction* func = (FRENamedFunction*) malloc (sizeof
        (FRENamedFunction)*2);
        func[0].name = (const uint8_t*)"isSupported";
        func[0].functionData = NULL;
        func[0].function = &IsSupported;

        func[1].name = (const uint8_t*)"vibrateDevice";
        func[1].functionData = NULL;
        func[1].function = &VibrateDevice;

        *functionsToSet = func;
}


FREDispatchStatusEventAsync(extensionContext, (uint8_t*) [event_name
UTF8String], (uint8_t*)[@"Level" UTF8String]);

FREResult FREGetObjectType( FREObject object, FREObjectType *objectType );
```

Extension.java

Auf nachfolgende Java-Klassen wird im Kapitel „Die Programmierung in Java" verwiesen.

```java
package com.example;

import android.util.Log;
import com.adobe.fre.FREContext;
import com.adobe.fre.FREExtension;

public class Extension implements FREExtension {

    private static final String EXT_NAME = "Extension";
    private ExtensionContext context;
    private String tag = EXT_NAME + "ExtensionClass";


    public FREContext createContext(String arg0) {
        Log.i(tag, "Creating context");
        if( context == null) context = new
ExtensionContext(EXT_NAME);
        return context;
    }
    public void dispose() {
        Log.i(tag, "Disposing extension");
        // nothing to dispose for this example
    }
    public void initialize() {
        Log.i(tag, "Initialize");
        // nothing to initialize for this example
    }
}
```

ExtensionContext.java

```java
package com.example;
import java.util.HashMap;
import java.util.Map;
import android.util.Log;
import com.adobe.fre.FREContext;
import com.adobe.fre.FREFunction;

public class ExtensionContext extends FREContext {
    private static final String CTX_NAME = "ExtensionContext";
    private String tag;

    public ExtensionContext( String extensionName ) {
        tag = extensionName + "." + CTX_NAME;
        Log.i(tag, "Creating context");
    }
    @Override
    public void dispose() {
        Log.i(tag, "Dispose context");
    }
    @Override
    public Map<String, FREFunction> getFunctions() {
        Log.i(tag, "Creating function Map");
        Map<String, FREFunction> functionMap = new HashMap<String,
FREFunction>();
        functionMap.put( UsefulFunction.KEY, new UsefulFunction() );
        return functionMap;
    }
    public String getIdentifier() {
        return tag;
    }
}
```

UsefulFunction.java

```java
package com.example;
import com.adobe.fre.FREContext;
import com.adobe.fre.FREFunction;
import com.adobe.fre.FREObject;
import android.util.Log;

public class UsefulFunction implements FREFunction {
    public static final String KEY = "usefulFunctionKey";
    private String tag;

    public FREObject call(FREContext arg0, FREObject[] arg1) {
        ExtensionContext ctx = (ExtensionContext) arg0;
        tag = ctx.getIdentifier() + "." + KEY;
        Log.i( tag, "Invoked " + KEY );
        FREObject returnValue = null;

        try {
            FREObject input = arg1[0];
            Boolean value = input.getAsBool();
            returnValue = FREObject.newObject( !value );//Invert
the received value
        } catch (Exception e) {
            Log.d(tag, e.getMessage());
            e.printStackTrace();
        }
        return returnValue;
    }
}
```

JNIExample.java

Auf nachfolgenden Code wird im Kapitel Entwicklungsschritte für „Java Native Interface" verwiesen.

```java
package at.trinker;

import java.net.URL;

public class JNIExample {


static{
      System.out.println("try to find file");
            URL dll =
JNIExample.class.getClass().getResource("JNIExampleLibrary.dll");
            System.out.println("fole loaded");
            System.load(dll.toString());
      }

      public native void callJavaMethod();

      public void printSomething() {
            System.out.println("I am called from native context!");
      }

      public void runExample1() {
            System.out.println("starting runExample1...");
            callJavaMethod();
      }
}
```

JNIExample.h

```
/* DO NOT EDIT THIS FILE - it is machine generated */
#include <jni.h>
/* Header for class at_trinker_JNIExample */

#ifndef _Included_at_trinker_JNIExample
#define _Included_at_trinker_JNIExample
#ifdef __cplusplus
extern "C" {
#endif

/*
 * Class:     at_trinker_JNIExample
 * Method:    callJavaMethod
 * Signature: ()V
 */
JNIEXPORT void JNICALL Java_at_trinker_JNIExample_callJavaMethod
  (JNIEnv *, jobject);

#ifdef __cplusplus
}
#endif
#endif
```

JNIExample.cpp

```
#include "at_trinker_JNIExample.h"
#include <cstring>

JNIEXPORT void JNICALL Java_at_trinker_JNIExample_callJavaMethod (JNIEnv *
env, jobject obj) {
      jclass jniExampleCls = env->GetObjectClass(obj);

      jmethodID mid = env->GetMethodID(jniExampleCls, "printSomething",
"()V");

      env->CallVoidMethod(obj, mid);
}
```

feig.h

```
/*
 * Feig.h
 *
 * Created on: 05.01.2013
 *     Author: Martin
 */

#ifndef FEIG_H_
#define FEIG_H_

#include "FlashRuntimeExtensions.h"    // import the Adobe Headers so we can
program our ANE

 extern "C" __declspec(dllexport) void initializer(void** extData,
FREContextInitializer* ctxInitializer, FREContextFinalizer* ctxFinalizer);
 extern "C" __declspec(dllexport) void finalizer(void* extData);



#endif /* FEIG_H_ */
```

Feig.cpp

```cpp
#include "FlashRuntimeExtensions.h"
#include "Stdlib.h"
#include "Feig.h"
#include "String.h"

extern "C"
{
FREObject isSupported(FREContext ctx, void* funcData, uint32_t argc,
FREObject argv[])
{
  FREObject result;

  uint32_t isSupportedInThisOS = 1;

  FRENewObjectFromBool( isSupportedInThisOS,  &result);
  return result;
}

FREObject getRfidData(FREContext ctx, void* funcData, uint32_t argc,
FREObject argv[])
{
  FREObject result;

  const char *str = "This is a test string from ANE!";
  FRENewObjectFromUTF8(strlen(str)+1, (const uint8_t *)str, &result);

  return result;
}


void contextInitializer(void* extData, const uint8_t* ctxType, FREContext
ctx, uint32_t* numFunctions, const FRENamedFunction** functions)
{
  *numFunctions = 2;
  FRENamedFunction* func = (FRENamedFunction*)
malloc(sizeof(FRENamedFunction) * (*numFunctions));

  func[0].name = (const uint8_t*) "getRfidData";
  func[0].functionData = NULL;
  func[0].function = &getRfidData;

  func[1].name = (const uint8_t*) "isSupported";
  func[1].functionData = NULL;
  func[1].function = &isSupported;

  *functions = func;
}
```

```
void contextFinalizer(FREContext ctx)
{
  return;
}

void initializer(void** extData, FREContextInitializer* ctxInitializer,
FREContextFinalizer* ctxFinalizer)
{
  *ctxInitializer = &contextInitializer;
  *ctxFinalizer = &contextFinalizer;
}

void finalizer(void* extData)
{
  return;
}
}
```

VolumeController.as

Auf nachfolgenden Code wird im Kapitel „ANE für Android" referenziert.
Nachfolgende Klassen wurden von XX übernommen. Es folgt nachfolgend
einmalig die Quellen-Angabe:

```actionscript
package net.digitalprimates.volume
{
    import net.digitalprimates.volume.events.VolumeEvent;

    import flash.events.EventDispatcher;
    import flash.events.StatusEvent;
    import flash.external.ExtensionContext;

    public class VolumeController extends EventDispatcher
    {
        private static var _instance:VolumeController;
        private var extContext:ExtensionContext;

        private var _systemVolume:Number = NaN;

        public function get systemVolume():Number {
            return _systemVolume;
        }
        public function set systemVolume( value:Number ):void {
            if ( _systemVolume == value ) {
                return;
            }

            _systemVolume = value;
        }

        public static function get instance():VolumeController {
            if ( !_instance ) {
                _instance = new VolumeController( new
SingletonEnforcer() );
                _instance.init();
            }

            return _instance;
        }
        public function setVolume( newVolume:Number ):void {
            if ( isNaN(newVolume) )  {
                newVolume = 1;
            }

            if ( newVolume < 0 ) {
                newVolume = 0;
            }

            if ( newVolume > 1 ) {
                newVolume = 1;
            }

            extContext.call( "setVolume", newVolume );

            systemVolume = newVolume;
        }
```

```actionscript
            public function dispose():void {
                    extContext.dispose();
            }

            private function init():void {
                    extContext.call( "init" );
            }

            private function onStatus( event:StatusEvent ):void {
                    systemVolume = Number(event.level);
                    dispatchEvent( new VolumeEvent(
VolumeEvent.VOLUME_CHANGED, systemVolume, false, false ) ) );
            }
            public function VolumeController( enforcer:SingletonEnforcer
) {
                    super();

                    extContext = ExtensionContext.createExtensionContext(
"net.digitalprimates.volume", "" );

                    if ( !extContext ) {
                            throw new Error( "Volume native extension is
not supported on this platform." );
                    }

                    extContext.addEventListener( StatusEvent.STATUS,
onStatus );
            }
        }
}

class SingletonEnforcer {

}
```

VolumeEvent.as

```actionscript
package net.digitalprimates.volume.events
{
        import flash.events.Event;

        public class VolumeEvent extends Event
        {
                public static const VOLUME_CHANGED:String = "volumeChanged";


                public var volume:Number;
```

```
            public function VolumeEvent( type:String, volume:Number,
bubbles:Boolean=false, cancelable:Boolean=false ) {
                this.volume = volume;

                super(type, bubbles, cancelable);
            }
        }
}
```

VolumeExtension.java

```
package net.digitalprimates.volume;

import net.digitalprimates.volume.monitor.SettingsContentObserver;
import android.content.Context;
import android.media.AudioManager;
import android.util.Log;
import com.adobe.fre.FREContext;
import com.adobe.fre.FREExtension;

public class VolumeExtension implements FREExtension {
    public static final String TAG = "VolumeExtension";

    public static FREContext extensionContext;
    public static Context appContext;
    public static SettingsContentObserver mSettingsWatcher;

    private static float NO_VALUE = (float)-1.0;
    private static Float lastSystemVolume = NO_VALUE;


    public static void notifyVolumeChange() {
        AudioManager aManager = (AudioManager)
appContext.getSystemService(Context.AUDIO_SERVICE);
        Float maxVolume =
Float.valueOf(aManager.getStreamMaxVolume(AudioManager.STREAM_MUSIC)
);
        Float systemVolume =
Float.valueOf(aManager.getStreamVolume(AudioManager.STREAM_MUSIC));
```

```
        if (systemVolume != lastSystemVolume) {
            lastSystemVolume = systemVolume;

            Float flashVolume = systemVolume / maxVolume;

            Log.i(TAG, "system volume: " + systemVolume);
            Log.i(TAG, "adjusted volume: " + flashVolume);

            String volume = String.valueOf( flashVolume );
            String eventName = "volumeChanged";

            extensionContext.dispatchStatusEventAsync(eventName,
volume);
        }
    }



    @Override
    public FREContext createContext(String contextType) {
        return new VolumeExtensionContext();
    }

    @Override
    public void dispose() {
        Log.d(TAG, "Extension disposed.");



VolumeExtension.appContext.getContentResolver().unregisterContentObs
erver(mSettingsWatcher);

        appContext = null;
        extensionContext = null;
        mSettingsWatcher = null;
        lastSystemVolume = NO_VALUE;
    }

    @Override
    public void initialize() {
        Log.d(TAG, "Extension initialized.");
    }
}
```

VolumeExtensionContext.java

```java
package net.digitalprimates.volume;

import java.util.HashMap;
import java.util.Map;
import net.digitalprimates.volume.functions.InitFunction;
import net.digitalprimates.volume.functions.SetVolumeFunction;
import android.util.Log;
import com.adobe.fre.FREContext;
import com.adobe.fre.FREFunction;


public class VolumeExtensionContext extends FREContext {
    public static final String TAG = "VolumeExtensionContext";

    @Override
    public void dispose() {
        Log.d(TAG,"Context disposed.");
    }

    @Override
    public Map<String, FREFunction> getFunctions() {
        Map<String, FREFunction> functions = new HashMap<String,
FREFunction>();

        functions.put("init", new InitFunction());
        functions.put("setVolume", new SetVolumeFunction());

        return functions;
    }
}
```

InitFunction.java

```java
package net.digitalprimates.volume.functions;

import net.digitalprimates.volume.VolumeExtension;
import net.digitalprimates.volume.monitor.SettingsContentObserver;
import android.content.Context;
import android.os.Handler;
import android.provider.Settings.System;
import android.util.Log;
import com.adobe.fre.FREContext;
import com.adobe.fre.FREFunction;
import com.adobe.fre.FREObject;


public class InitFunction implements FREFunction {
    public static final String TAG = "InitFunction";

    @Override
    public FREObject call(FREContext context, FREObject[] args) {
        VolumeExtension.extensionContext = context;

        Context appContext =
context.getActivity().getApplicationContext();
        VolumeExtension.appContext = appContext;

        VolumeExtension.mSettingsWatcher = new
SettingsContentObserver( new Handler() );

VolumeExtension.appContext.getContentResolver().registerContentObse
rver(System.CONTENT_URI, true, VolumeExtension.mSettingsWatcher);

        Log.i(TAG, "in init");

        VolumeExtension.notifyVolumeChange();

        return null;
    }
}
```

SetVolumeFunction.java

```java
package net.digitalprimates.volume.functions;
import android.content.Context;
import android.media.AudioManager;
import com.adobe.fre.FREContext;
import com.adobe.fre.FREFunction;
import com.adobe.fre.FREObject;
public class SetVolumeFunction implements FREFunction {
    public static final String TAG = "SetVolumeFunction";

    @Override
    public FREObject call(FREContext context, FREObject[] args) {
        Context appContext =
context.getActivity().getApplicationContext();
        AudioManager aManager = (AudioManager)
appContext.getSystemService(Context.AUDIO_SERVICE);

        double volume = 1;
        try {
            volume = args[0].getAsDouble();
        } catch (Exception e) {

        }
        int maxVolume =
aManager.getStreamMaxVolume(AudioManager.STREAM_MUSIC);
        volume = volume * maxVolume;
        int index = (int) volume;

        aManager.setStreamVolume(AudioManager.STREAM_MUSIC, index,
0);

        return null;
    }
}
```

SettingsContenObserver.java

```java
package net.digitalprimates.volume.monitor;

import net.digitalprimates.volume.VolumeExtension;
import android.database.ContentObserver;
import android.os.Handler;
import android.util.Log;


public class SettingsContentObserver extends ContentObserver {
    public static final String TAG = "SettingsContentObserver";

    public SettingsContentObserver(Handler handler) {
        super(handler);
    }
    @Override
    public boolean deliverSelfNotifications() {
        return super.deliverSelfNotifications();
    }
    @Override
    public void onChange(boolean selfChange) {
        super.onChange(selfChange);
        Log.v(TAG, "Settings change detected");

        VolumeExtension.notifyVolumeChange();
    }
}
```